AF469870

LES

ÉCRIVAINS POLITIQUES

EN FRANCE

AVANT LA RÉVOLUTION

Châteauroux. — Typographie et Stéréotypie A. MAJESTÉ.

LES

ÉCRIVAINS POLITIQUES

EN FRANCE

AVANT LA RÉVOLUTION

PAR

GEORGES PÉLISSIER
DOCTEUR ÈS LETTRES
PROFESSEUR DE RHÉTORIQUE AU LYCÉE DE NANCY

PARIS
EUGÈNE WEILL ET GEORGES MAURICE, ÉDITEURS
4 *bis*, RUE DU CHERCHE-MIDI, 4 *bis*

PRÉFACE

Examiner comment la société française s'est d'abord formée, quels éléments ont eu part à sa constitution, et quelles idées chacun de ces groupes sociaux représentait ; suivre dans le cours de notre histoire l'élaboration successive des principes sur lesquels notre droit politique a été fondé par la Révolution ; montrer enfin, au sein de notre société moderne, l'accord de la liberté et de l'égalité, toutes les deux basées sur la justice, règle obligatoire des relations humaines, avec le concours fécond de la fraternité, considérée non pas comme un élément de la politique, mais comme un principe de la morale : tel est le but de cet ouvrage, dont les conclusions sont d'accord avec l'esprit général de l'économisme moderne.

Notre étude est surtout un travail d'exposition, et nous l'avons fait dans un esprit absolument impartial : s'il était impossible d'écarter la discussion des théories que nous passions en revue, nous avons du moins tenu à nous abstenir de toute polémique.

Il est bien entendu que nous avons largement profité des ouvrages antérieurs sur la matière ; mais nous nous sommes fait un devoir de remonter toujours aux sources, et nous avons pris soin de mettre le lecteur en communication directe et permanente avec les écrivains dont nous avions à analyser les ouvrages.

LES

ÉCRIVAINS POLITIQUES

EN FRANCE

AVANT LA RÉVOLUTION

CHAPITRE PREMIER

FORMATION DE LA SOCIÉTÉ FRANÇAISE. — GROUPES SOCIAUX ET IDÉES QU'ILS REPRÉSENTENT : LEUR RÔLE JUSQU'AU XVIe SIÈCLE.

La science politique et sociale ne date en France que du XVIe siècle ; jusqu'à cette époque, il y avait eu, non pas des écrivains et des penseurs, mais des hommes d'action et des chefs de parti. Quelques-uns parmi eux avaient sans doute montré une grande intelligence ; certains même paraissent s'être dès lors formé tout un système raisonné de politique. Mais, en somme, aucun d'eux n'avait élevé ses vues au-dessus des préoccupations particulières à une classe et au delà des luttes contemporaines. D'ailleurs, l'état des connaissances humaines ne permettait pas encore d'aborder les problèmes complexes dont l'histoire générale et nationale, si peu connue pendant le moyen âge, et la philosophie, si obscure alors et si pédantesque, peuvent seules préparer la solution.

Au XVIe siècle, le grand mouvement de la Renaissance a tout renouvelé; les études historiques sur nos origines éclairent la nuit des âges lointains; la connaissance de l'antiquité latine et grecque nous donne des guides et étend le domaine de nos recherches ainsi que le champ de nos comparaisons; d'autre part, la philosophie rompt désormais avec la scolastique qui l'avait emprisonnée jusqu'alors, et se sécularise définitivement. De ce moment, il devient possible d'étudier avec suite et méthode les principes mêmes du gouvernement, la formation des sociétés en général, celle de la nôtre en particulier, les conditions et les lois de son développement, soit qu'on veuille interroger le passé de la France pour lui demander le secret de l'avenir, soit que, dédaignant la tradition et l'expérience historique, on préfère chercher dans la raison même les bases d'une organisation conforme à la justice.

Mais, si la science politique et sociale n'est inaugurée qu'au XVIe siècle, nous ne pouvons en aborder l'histoire sans remonter dans les âges passés pour retracer, au moins à grands traits, la fondation de notre société française, et pour assigner son rôle à chacun des principaux éléments qui la constituent. C'est ce que nous nous proposons de faire, en manière d'introduction, dans ce premier chapitre.

Après la conquête germanique, il y avait en France trois

groupes sociaux : l'Église, les barbares et les Gallo-Romains. Nous les retrouvons encore au XIe siècle, c'est-à-dire à l'époque où notre société paraît définitivement organisée, après une longue période de confusion. Les clercs, les seigneurs et les serfs forment pour ainsi dire les trois assises sur lesquelles est fondé l'ordre social. Sans doute, en étudiant l'histoire des temps qui ont précédé le moyen âge, il faut se garder de formules trop simples, que leur simplicité même rendrait suspectes. En effet, dans ces siècles si profondément troublés, les différents éléments qui devaient contribuer à la formation de notre société future, loin de se retrancher chacun dans un camp séparé, se heurtent sans cesse au milieu d'une mêlée obscure et se pénètrent mutuellement de toute part, en attendant un triage définitif : c'est ainsi, par exemple, qu'un grand nombre de Gallo-Romains, au lieu de tomber dans la condition des serfs, sont au contraire élevés à celle des conquérants germains ; d'un autre côté, l'élément ecclésiastique se recrute dans toutes les classes : il a ses racines dans la plus humble et participe par ses chefs aux privilèges de la plus haute. Cependant, si complexe que soit l'histoire de notre organisation sociale dans cette époque lointaine, non seulement il est légitime de distinguer les trois groupes sociaux que nous avons indiqués, mais encore c'est le seul moyen de porter quelque lumière dans l'obscure genèse de notre société.

Chacun d'eux se rattache à un principe distinct : l'élément clérical dérive du principe catholique ; l'élément germanique se rapporte au principe féodal ; enfin, si, au lieu de considérer les serfs, nous portons tout de suite nos regards sur la bourgeoisie, dont ils furent les ancêtres, nous pourrons dire que le troisième facteur de la société française est le principe romain, auquel les communes durent leur affranchissement et le tiers état son élévation.

Au-dessus de ces trois groupes sociaux, nous devons attribuer tout d'abord sa part légitime à l'influence du christianisme qui les pénètre tous. Assis sur le trône avec Constantin, le christianisme qui se présentait, non pas comme la religion particulière d'un peuple, mais comme la religion universelle de l'humanité, trouva dans l'unité impériale un puissant auxiliaire pour fonder l'unité religieuse du monde. Il devait renverser entre les différents peuples et les diverses races ces barrières que « la paix romaine » avait déjà ébranlées, et apprendre à tous les enfants d'Adam qu'ils étaient frères : il devait séparer la religion du gouvernement et l'Église de l'État, faire rendre à César ce qui appartient à César, à Dieu ce qui appartient à Dieu, et établir ainsi la liberté intérieure de l'homme ; il devait enfin fonder l'égalité sur ce principe que Dieu ne fait point acception de personnes, et qu'il n'y a devant lui aucune distinction de rang, de fortune ou d'origine. Ces idées ne manquèrent pas en effet de se faire sentir dans le droit romain qu'elles renouvelèrent par leur influence vivifiante ; plus tard, lorsque l'empire eut été détruit et que les barbares germains se furent établis dans la Gaule, elles exercèrent sur eux une puissante action et adoucirent le régime social qui devait être la conséquence de la conquête.

Toutefois, quoique destiné par son essence même à faire pénétrer dans les esprits et dans les mœurs ces trois grands principes de la fraternité, de la liberté et de l'égalité, dont la conciliation est encore un problème pour les sociétés contemporaines, on peut dire que le christianisme ne sut ni ne voulut les introduire dans le gouvernement et dans la politique. La fraternité, qu'il appelait du nom de charité, était pour lui la vertu par excellence ; mais il la restreignait au domaine purement religieux. De même pour la liberté : c'est la liberté morale qui se dégage de la religion chrétienne ; quant à la liberté civile et politique, elle ne pouvait rien attendre d'une doctrine dont le dernier mot était l'obéissance à tout pouvoir, quel qu'il fût, comme ayant été établi par Dieu. et la résignation sur la terre en attendant les compensations de la vie future. « Tendez la joue gauche après avoir été frappés sur la droite ; supportez l'injustice au lieu de vous révolter contre elle : » tels étaient les préceptes de l'Évangile, fort beaux assurément dans le domaine de la morale, mais fort impropres à constituer l'ordre social et politique, dont le fondement ne peut être que la justice. A cette fraternité, à cette liberté toute platonique dans l'ordre temporel, correspondait une égalité non moins détachée de ce monde : la religion chrétienne ne rend les hommes égaux qu'après leur mort devant le tribunal de Dieu, ou pendant leur vie, devant ses autels : au reste, il n'y a rien dans ses principes qui se rapporte à l'égalité des droits, et, dès l'origine, elle s'accommode fort bien des distinctions sociales même les plus injustes et les plus choquantes.

Ainsi, le christianisme, si l'on considère l'ordre idéal qui devait régner d'après lui dans le royaume des cieux, semblait à ses débuts fonder la société sur les grands principes qui ont prévalu chez les peuples modernes. Mais, ces principes, il ne les sécularisait point, et il s'autorisait même de leur réalisation future dans la cité céleste pour en légitimer la méconnaissance dans l'état terrestre. Toutefois, s'il fût resté fidèle à son esprit, il n'aurait pu prêcher une vie ultérieure où ces idées devaient servir comme de fondement à la société des élus, sans inspirer, qu'il le voulût ou non, aux classes opprimées et misérables le désir de les réaliser ici-bas. Mais, devenu par la force des choses un des principaux représentants de la puissance publique, le christianisme ne tarda pas à renier son propre esprit, et à sacrifier les principes mêmes de la religion chrétienne à son action politique et militante dans le monde.

Cette transformation, qui lui fait prendre place comme élément constitutif dans la société civile et consacrer par conséquent l'ordre établi au sein de cette société, s'accomplit chez nous de très bonne heure. Les idées chrétiennes purent conserver encore leur influence dans le sens que nous avons indiqué ; mais il faut, dès ce moment, distinguer entre l'esprit du christianisme considéré au point de vue religieux ou moral et le rôle de l'Église en tant que puissance terrestre. Nous appelons élément catholique ou clérical celui qui représente dans notre société le corps ecclésiastique regardé, non plus comme le dépositaire de l'esprit chrétien, mais comme une force qui se partage le pouvoir social et politique, de concert avec la noblesse, représentant l'élément féodal, et le tiers état, héritier de l'idée romaine.

§ I. — *Le clergé.*

Nous n'aurons pas de peine à montrer que la société ecclésiastique démentit dans son action temporelle tous les principes dont le christianisme, comme nous l'avons vu, semblait doter la terre, ne les réalisant, à vrai dire, que dans le ciel.

Ce beau dogme de la fraternité, auquel la philosophie ancienne avait bien pu s'élever, mais que le christianisme seul pouvait faire pénétrer dans tous les esprits, n'empêcha pas l'Église de sanctionner d'abord l'esclavage, dont l'origine, il est vrai, remontait aux premiers temps de la civilisation antique, et plus tard le servage, qu'elle reconnut et autorisa comme un élément essentiel de l'ordre social, à la constitution duquel on peut dire qu'elle présida. La liberté, celle de l'homme intérieur et de la conscience individuelle, paraissait étroitement liée avec les principes mêmes du christianisme; les premiers moralistes chrétiens l'avaient d'abord défendue avec autant de force que d'élévation, quand la nouvelle religion était persécutée ; ils la revendiquaient non pas seulement pour leur propre foi, mais pour n'importe quelle croyance, non pas en établissant la vérité du christianisme, mais en réclamant l'autonomie de toute conscience. Quand l'Église détint entre ses mains la puissance séculière, elle ne respecta pas chez ses adversaires cette liberté qu'elle avait jadis demandée pour tous, ne la voulant au fond que pour elle-même. Sous prétexte de sauver les âmes même malgré elles, l'Église s'arrogea le droit d'extirper l'hérésie par tous les moyens possibles, et le meilleur lui parut souvent l'extermination des hérétiques.

Que dire de l'égalité ? Le seul fait que le catholicisme ait consacré par son assistance le régime social qui s'implanta chez nous après l'invasion des barbares, montre suffisamment qu'il ne se mit guère en peine d'accorder ses actes avec ses principes. Mais il ne se contenta pas de le sanctionner : il en tira tout le parti possible dans l'intérêt de sa puissance temporelle, et protégea, à tous les degrés de la hiérarchie, des abus et des privilèges dont il était le premier à profiter. Assurément, il serait injuste de lui reprocher l'établissement d'une société qu'il ne fut pas le seul à fonder, et dont il n'aurait pu sans doute empêcher la fondation ; mais ce dont il est permis de l'accuser, c'est d'avoir préféré les intérêts de sa politique aux principes de sa religion. Dès le XIe siècle, le clergé est engagé tout entier dans la nouvelle hiérarchie sociale. A côté des seigneurs laïques, il y a les seigneurs ecclésiastiques ; dans les anciennes villes, l'évêque a souvent profité de son autorité spirituelle pour la transformer en pouvoir politique, et il est devenu suzerain ; dans les villes nouvelles, dans les villages qui se fondent autour des monastères, ce sont les abbés qui exercent tous les droits de la suzeraineté ; ils ont leurs vassaux, leurs vilains et leurs serfs.

Cette féodalité ecclésiastique se développa et s'enrichit d'une façon si prodigieuse qu'elle posséda bientôt en France le cinquième de toutes les terres.

> Ils tollent, l'on ne leur toll rien,

dit le poète Jean de Meung. Et en effet, sûre de conserver tous ses domaines, grâce aux foudres de l'excommunication qui éclataient bientôt sur la tête du laïque assez téméraire pour vouloir toucher à ses biens, l'Église acquérait sans cesse de nouvelles possessions, grâce aux donations des fidèles. Or il ne faut pas oublier que dans le moyen âge la propriété conférait le pouvoir politique, législatif et judiciaire. On voit par là quelle puissance le clergé sut s'attribuer pendant l'époque féodale, et quel intérêt il avait eu à favoriser un régime si propice à sa prospérité matérielle comme à sa grandeur politique.

Dans un âge où le patriotisme est un sentiment inconnu, le corps ecclésiastique formait comme une immense association internationale qui, sous la direction d'un chef unique, tendait à soumettre tous les pouvoirs au joug de l'Église et à absorber dans son sein toute puissance temporelle comme toute autorité spirituelle. C'est là le rêve du clergé dès les premiers temps du moyen âge : il n'y a pas encore renoncé. Dès cette époque, son but est de confondre les deux domaines de l'Église et de l'État : maître incontesté de l'un, il le fût bientôt devenu de l'autre.

On sait comment il s'ingéra dans le temporel, et c'est une histoire que nous n'avons pas à refaire. La royauté elle-même, il voulut la subordonner à l'Église : les papes se donnèrent comme les dispensateurs des couronnes ; Saint Rémi avait sacré Clovis (496), et Léon III Charlemagne (800) ; ce qui n'avait été pour Clovis et pour Charlemagne qu'un acte de déférence envers l'autorité religieuse fut bientôt regardé par la papauté comme la reconnaissance de son autorité temporelle sur la chrétienté tout entière. On voit le successeur du grand empereur déposé puis restauré par les évêques ; ce sont eux encore qui, après la bataille de Fontanet (841), décident dans un concile en faveur du vainqueur ; ce sont eux enfin dont Charles le Chauve (843-877) reconnaît l'autorité suprême, lorsque, menacé à son tour par quelques-uns d'être dégradé du titre royal, il répond que « consacré et oint du saint chrême, il ne peut être renversé du trône qu'après avoir été entendu et jugé par les évêques qui l'avaient sacré roi ». Pour Grégoire VII, le représentant le plus éminent de la doctrine ecclésiastique en matière politique, l'État « n'est qu'un reste de l'antique société païenne qui doit être bientôt absorbé dans le vaste sein de la société spirituelle dont la direction appartient au pape ». En somme, l'élément clérical tend à constituer dans l'Europe une autocratie universelle au profit de l'Église.

Saint Thomas, le plus grand docteur catholique du moyen âge, est sans doute assez libéral dans ses principes politiques; il autorise même les sujets à déposer leurs rois quand ceux-ci exercent leur pouvoir contre la justice: mais, avant tout, la permission de l'Église est nécessaire ; à l'Église seule appartient le droit de décider jusqu'où peut et doit aller l'obéissance légitime. En définitive, la politique de la *Somme* a pour base et pour couronnement l'autorité sans limite du catholicisme qui ne veut rien laisser en dehors de son action, ni dans l'ordre spirituel ni dans le domaine temporel. Le christianisme avait professé qu'entre l'État et la religion il n'y avait rien de commun ; le catholicisme veut au contraire substituer la puissance ecclésiastique à la puissance laïque pour former une pure théocratie ; et, dans chaque État particulier, il s'accommode de la forme sociale et politique qui est destinée à prévaloir, il l'aide même à se constituer, d'autant plus disposé à en consacrer les injustices et les abus qu'ils peuvent mieux servir à sa domination.

Autorité, centralisation, unité, voilà les idées que l'Église catholique représente et qu'elle veut faire triompher à son profit. Elle se sert pour arriver à ses fins d'un régime social qui s'est constitué sur des principes directement contraires ; et, tout en prenant sa place dans la hiérarchie féodale, elle aspire à en ruiner les bases pour substituer tôt ou tard au fractionnement indéfini de la puissance politique cette monarchie universelle du pape qui est son rêve. Le pape est souverain pontife et roi des rois : l'autorité temporelle et l'autorité spirituelle qu'il réunit en lui se prêtent un mutuel secours et se confondent au point que la première est disposée à tenir toute résistance contre la seconde pour une sédition, et la seconde à traiter toute révolte contre la première comme une hérésie. Tel était, tel est encore l'idéal du catholicisme.

§ II. — *La noblesse féodale.*

L'élément féodal avec lequel la société ecclésiastique s'était si facilement alliée, parce qu'elle n'aurait pu le détruire, apportait cependant avec lui, comme il a été dit plus haut, des idées radicalement opposées aux tendances unitaires et autoritaires de l'Église. Ce n'est pas ici le lieu de retracer le tableau du système féodal. Chacun sait qu'il a pour principe capital l'individualisme, et que ce principe se traduit dans le régime social par le morcellement indéfini de la terre, regardée comme le signe et le gage de la puissance politique. Lorsque les Germains envahirent la Gaule et se trouvèrent sur notre sol en présence des Gallo-Romains, on pouvait se demander laquelle des deux sociétés remporterait la victoire. Conquis par les armes, les Gallo-

Romains imposèrent cependant leur langue aux vainqueurs. Il n'en fut pas de même pour l'organisation sociale : après une lutte de quelques siècles, les mœurs germaines l'emportèrent sur les mœurs romaines, et le régime féodal fut fondé. On connaît l'histoire de cette lutte qui se prolonge longtemps encore après que l'issue en est décidée. Ce que nous avons ici à mettre en lumière, ce sont les idées politiques et sociales qui présidèrent à la fondation du nouveau régime. Nous montrerons ensuite comment la féodalité, malgré de nobles principes et de libérales institutions, ne pouvait cependant établir un ordre social définitif, parce qu'elle avait pour base une série d'inégalités et de privilèges, entés les uns sur les autres.

L'ordre féodal, qui peut être considéré comme établi à l'avènement de la troisième race, a ses origines dans la Germanie. Là, si nous en croyons Tacite, les guerriers se réunissaient autour d'un chef qu'ils avaient choisi, et qui, une fois la guerre terminée, partageait entre eux le butin. Nous ne pouvons pas rechercher ici, dans tout ce que l'historien latin nous raconte des mœurs germaines, les germes nombreux et comme les premiers linéaments du régime féodal. Cette soumission toute volontaire des guerriers à un chef élu par eux qui les menait au combat, est déjà comme une ébauche de la suzeraineté et du vasselage.

Le principe essentiel de la féodalité, c'est la liberté individuelle, soutenue et sauvegardée par un vif sentiment de la personnalité humaine. Quand le nouveau régime est définitivement fondé, on voit que, grâce au morcellement du sol, il s'est formé en France une foule de petits domaines où chaque propriétaire et un véritable souverain. Sans doute, ces souverainetés dépendent les unes des autres : chacun de ces domaines n'est que comme un anneau intermédiaire dans la chaîne immense que forme la hiérarchie. Mais les obligations du vassal envers le suzerain n'ont rien d'humiliant; elles consistent à l'assister de ses conseils, à siéger dans son tribunal, à le suivre au combat, à l'aider de sa bourse dans certaines circonstances bien définies. Ce sont là des services honorables et qui ne pèsent en rien à la dignité personnelle. Le dévouement, l'honneur, la fidélité d'homme libre à homme libre, doivent être puissamment développés par un tel régime, qui se fonde tout entier sur ces vertus.

De son côté, le suzerain doit à ses vassaux aide et protection contre leurs ennemis : et, comme chaque membre de la hiérarchie féodale est tour à tour suzerain et vassal, il lui faut remplir les devoirs et pratiquer les vertus de ces deux conditions. D'ailleurs, tout manquement aux lois a sa sanction : les vassaux sont responsables envers les suzerains, et les suzerains sont responsables envers les vassaux. Le vassal perd son fief s'il n'est pas fidèle à son seigneur : c'est la sauvegarde de toute foi et de toute loyauté ; le seigneur perd son droit, non seulement s'il refuse justice ou secours à son vassal, mais encore s'il attente à son honneur, si, par exemple, il lève le bâton sur lui : c'est la sauvegarde de toute dignité individuelle. La chevalerie est comme la fleur de la féodalité ; elle adoucit les rigueurs de la guerre, état ordinaire de la société féodale ; elle enseigne à protéger le faible ; elle a pour cortège la générosité, la loyauté, le courage et l'honneur.

On ne saurait nier que l'établissement du nouveau régime n'ait marqué un grand progrès sur la période de notre histoire qui en avait précédé la fondation. Au point de vue politique, il tend à développer le sentiment de la liberté et de la responsabilité individuelles ; au point de vue social, il se fait l'auxiliaire duc hristianisme en exaltant chez l'homme les plus hautes vertus. Il suffit de jeter un coup d'œil sur les âges postérieurs pour voir que la féodalité, représentée par la noblesse, resta fidèle pendant de longs siècles au principe d'indépendance qui avait présidé à son origine et à son développement. Cette indépendance, c'est contre le roi qu'elle avait à la défendre : or, la lutte de la noblesse contre le pouvoir royal remplit les cinq cents ans qui nous séparent encore du XVIe siècle. La royauté, dans le système féodal, ne devait être que viagère et responsable : on retrouve encore cette idée dans certains écrivains politiques du siècle précédent qui représentent les tendances de l'aristocratie. Les seigneurs, au moyen âge, regardent la monarchie comme ayant d'abord été élective ; le roi n'est qu'un suzerain ; s'il manque à ses devoirs, ses vassaux sont déliés de toute obligation à son égard et peuvent le déposer.

Dans cette façon de comprendre la royauté se trouve avant tout un esprit de liberté politique, un sentiment d'indépendance qu'on ne saurait contester. Il subsista pendant bien des siècles. Aux états généraux de 1484, Philippe Pot, sieur de la Roche, représentant de la noblesse, prononce un fameux discours, où la théorie féodale est clairement et formellement exprimée. D'après lui, la royauté est un office, non un héritage ; c'est le peuple souverain qui, dans l'origine, créa les rois : la souveraineté n'appartient point aux princes qui n'existent que par le peuple ; les états généraux sont dépositaires de la volonté commune ; un fait ne prend force de loi que dans la sanction de ces assemblées[1]. Ces maximes hardies montrent que la noblesse avait fidèlement conservé l'idée féodale. Seulement, si Philippe Pot donne le nom de peuple à « l'universalité des habitants du royaume », au fond, quoi qu'il puisse en dire et en penser lui-même, le peuple, pour la noblesse, ne se compose que des nobles. Il n'y a dans l'État que deux pouvoirs en présence, un pouvoir légitime, celui de l'aristocratie terrienne, et un pouvoir usurpateur, celui de la royauté.

Cette théorie, qui est le fond même de la féodalité, nous conduit naturellement à montrer les vices du système, dont nous n'avons jusqu'ici fait ressortir que le beau côté. Le tableau des institutions féodales change en effet complètement, si, au lieu de considérer ceux qui entrent dans la hiérarchie comme possesseurs de terres, nous jetons les regards sur ceux que leur condition en exclut. Tandis qu'elle tendait au fractionnement indéfini dans le domaine politique, la féodalité, dans le domaine social, tend à la simplification : elle ne fait qu'une classe des serfs et des anciens colons ; elle réduit la société à deux catégories de personnes, ceux qui possèdent et ceux qui sont possédés. Nous avons vu que les premiers avaient un vif sentiment de l'indépendance politique et qu'ils développaient entre eux comme à leur profit les tendances les plus nobles et les plus élevées de la nature humaine : mais quelle était la condition des

1. V. Augustin, Thierry. *Histoire du tiers état.*

autres ? C'est ici que le système féodal justifie pleinement les souvenirs d'invincible horreur qui se sont perpétués jusqu'à nos jours dans les classes populaires.

Au-dessous de la hiérarchie aristocratique et terrienne, à une distance infinie du dernier échelon, gémissait dans l'opposition et dans la misère l'immense population de ceux qui n'y étaient pas entrés. Le seigneur jouit dans ses terres d'une souveraineté absolue. Il a le pouvoir de faire des lois, c'est-à-dire d'ériger en règle ses caprices les plus iniques ou les plus extravagants ; il a le pouvoir de juger, c'est-à-dire de condamner à son gré et arbitrairement ceux qui ne se soumettent pas à ses lois : il a enfin le pouvoir d'exécuter lui-même une sentence sans appel, et sa justice basse et haute a pour symbole le pilori et le gibet qui se dressent dans ses domaines. Sans doute, il en est parmi les suzerains qui usent de leurs droits avec une modération relative ; mais, en somme, le vilain n'a aucune ressource, aucune espèce de recours contre les violences les plus oppressives ou les humiliations les plus dégradantes ; il est moins protégé que l'ancien esclave romain, puisque au-dessus de la loi du seigneur il n'y a point de loi ; à Rome les juridictions patrimoniales des chefs de famille étaient du moins restreintes dans de certaines limites [1]. Quelques rares villes, assez fortes pour résister, font seules exception à cette oppression générale de tout ce qui n'est pas noble : les autres sont obligées de subir le joug, et les manants des cités tombent presque partout dans une condition analogue à celle des serfs paysans. C'est là d'ailleurs l'idéal social de la féo-

1. V. Fustel de Coulanges, *La cité antique*.

dalité et le but auquel elle avait tendu depuis l'origine de on établissement.

Ainsi le régime féodal doit être considéré comme une sorte d'association entre les possesseurs du sol qui se garantissent les uns aux autres une noble indépendance et l'exercice de tous les droits essentiels à la personne humaine, mais qui excluent de toute justice l'immense majorité de la société, et traitent la classe inférieure comme si elle n'existait que pour étayer les privilèges de la classe aristocratique. L'échelle sociale s'appuie sur les déshérités de la terre en les écrasant de son poids. Le serf n'a aucune existence politique et sociale; il n'a même d'existence civile que ce qu'il plaît à son maître de lui en laisser. Veut-il se marier ? il lui faut la permission du suzerain. Transmet-il son petit pécule à ses enfants? l'acte n'est valable que si le suzerain consent à le ratifier. Ne possédant pas le sol, un serf ne peut rien posséder, pas même sa propre personne : il est réduit à l'état de chose, il est la propriété de son seigneur au même titre que la terre où il reste attaché. — Jalouse de sa liberté et de ses droits contre le pouvoir royal, la féodalité refuse toute liberté et tout droit à ce qui n'entre pas dans les rangs de la hiérarchie : l'idéal auquel elle aspire, c'est la domination de tous les propriétaires domaniaux établie sur le servage de tous les non-possesseurs.

§ III. — *Le tiers état.*

Cet idéal, l'aristocratie féodale ne put jamais le réaliser complètement. Comme il a déjà été dit, certaines villes, surtout dans le sud, avaient opposé au nouveau régime une répugnance invincible ; dans le nord même, en plein système féodal, quelques-unes ont encore des magistrats élus qui les administrent. C'est que la tradition romaine, vaincue par l'invasion germanique, n'a pas été complètement étouffée ; elle va bientôt se réveiller, prendre l'offensive, et faire reculer l'élément féodal devant ses progrès.

Nous l'avons vu plus haut, il est impossible d'isoler, chacun à part des deux autres, les trois groupes et les trois principes qui concoururent à la formation de notre société pendant le moyen âge. On se tromperait, par exemple, en attribuant à la tradition romaine seule le grand mouvement qui devait aboutir à la constitution du tiers état : il faut, dans la révolution urbaine de la France septentrionale, assigner une certaine part aux traditions germaniques ; avec celles que nous avons vues présider à l'établissement de la féodalité, il en était d'autres, toutes différentes d'esprit et d'origine, qui se rattachaient aux anciennes amitiés ou confréries barbares, et dont le souvenir ne fut pas sans influence sur l'affranchissement des communes.

Pourtant, même dans le nord, l'ancien esprit des institutions gallo-romaines, bien plus menacé qu'au sud, n'avait point été détruit ; c'est lui surtout qui raviva dans les villes le désir d'une indépendance généralement abolie et réduite à bien peu de chose quand il en restait quelque trace, mais dont le souvenir ne s'était jamais entièrement perdu. Or, si la tradition romaine joue le plus grand rôle dans la formation des communes septentrionales, on peut dire qu'elle suffit par elle-même à expliquer dans le midi l'établissement du régime consulaire, qui d'ailleurs n'y était jamais tombé en désuétude. Soit au midi, soit au nord, le mouvement est donc déterminé par la même impulsion, soutenu par le même esprit : « parmi les notions qui formaient le fond des idées sociales, était, en regard de la liberté noble, toute de privilège, dérivée de la conquête et des mœurs germaniques, l'idée d'une autre liberté conforme au droit naturel, accessible à tous, la liberté romaine [1]. »

Nous n'avons pas à raconter ici l'affranchissement des communes : quant aux effets de ce grand mouvement, ils furent absolument contraires aux principes et aux tendances de la féodalité. Celle-ci avait réduit en servage tout ce qui n'entrait pas dans ses rangs ; et voici maintenant que les communes, soutenues par le pouvoir royal, vont former une classe intermédiaire dont l'existence même est une grave atteinte à l'ancien ordre social ; cette classe attirera à elle toute la puissance que peut donner la richesse mobilière, inconnue jusqu'alors de l'aristocratie, toute l'autorité que peut donner la science, méprisée par les seigneurs, et elle agrandira peu à peu sa place dans la hiérarchie féodale, jusqu'à ce qu'elle en ait brisé le cadre à son profit.

D'un côté, les croisades, en développant l'industrie et le commerce, qui sont aux mains de la bourgeoisie, favorisent sa prospérité matérielle ; d'autre part, son influence morale doit un rapide accroissement à la restitution des lois romaines, qui ne tardent pas à s'introduire en France. Enseignées dans les écoles, se substituant peu à peu aux anciennes coutumes, elles donnent naissance à la classe des légistes qui se recrute tout entière parmi les bourgeois. Les grands vassaux et les officiers de la couronne, rassemblés en cour royale, avaient, jusqu'au règne de saint Louis,

1. Augustin Thierry, *Hist. du tiers état.*

rendu la justice au nom du roi ; ils sont dès maintenant obligés d'abandonner ces fonctions à des roturiers plus familiers qu'eux avec les procédures écrites. C'est ainsi que se forme le Parlement, destiné à devenir pour de longs siècles comme la citadelle de la bourgeoisie, dans laquelle il recruta bientôt tous ses membres.

Maitres dans le Parlement, les bourgeois entrent presque aussitôt dans les états généraux, et c'est là l'aboutissement de la révolution communale, qui a dès lors produit tous ses effets compatibles avec le développement historique de la société française.

La royauté, comme il a été dit, avait d'abord soutenu les communes, dont elle se fit un puissant allié contre l'aristocratie féodale. Mais il arriva bientôt un moment où, la féodalité ayant déjà été bien affaiblie au profit du pouvoir royal, celui-ci jugea l'indépendance communale aussi dangereuse qu'avait pu l'être jadis l'indépendance féodale ; dès lors il cessa de protéger un mouvement par lequel il se voyait menacé lui-même, et s'attacha à faire sentir dans toutes les communes l'action partout présente et souveraine du principe monarchique. Saint Louis, par une ordonnance de 1256, met en réalité fin à l'autonomie des villes en imposant au maire, non plus élu désormais, mais choisi par le roi sur une liste de quatre candidats, l'obligation d'aller chaque année lui rendre compte de l'administration locale. C'en était fait de toute indépendance réelle ; le pouvoir central absorbait dès lors la liberté municipale. L'œuvre de Louis IX fut d'ailleurs poursuivie et achevée par ses successeurs: au XIVe siècle les chartes des communes étaient devenues lettre morte.

Mais, comme nous l'avons remarqué, il s'était déjà formé une nouvelle classe, celle du tiers état : le tiers état, ce sont les communes s'élevant d'une existence toute locale et bornée dans les limites de chacune, à ce que nous pouvons dès maintenant appeler la vie nationale. La révolution communale s'était en effet morcelée en autant de révolutions particulières qu'il y avait de cités : les habitants de chaque ville s'entendirent entre eux contre l'ennemi commun, mais il n'y eut point entente d'une ville à une autre ; aussi, malgré son extrême importance, on peut dire que l'affranchissement des communes fut inspiré par des sentiments et des intérêts propres à chacune d'elles. Au contraire, le tiers état, qui va représenter la bourgeoisie de la France tout entière, ne se préoccupera plus des franchises particulières à telle ville, mais il revendiquera les libertés générales de la nation.

C'est en 1302 que le plus despotique de nos rois réunit pour la première fois les états généraux. Cette assemblée, il la gouverne à sa guise, et le tiers état n'est encore dans ses mains qu'un instrument du pouvoir royal. Mais, cinquante ans plus tard, dans les états de 1355 se manifeste déjà avec une grande vigueur l'esprit de la nouvelle classe. Il y a toute une révolution dans les demandes qu'elle formule : le pouvoir eût été dès lors partagé entre le roi et les commissaires des états ; ceux-ci se seraient eux-mêmes régulièrement convoqués ; l'impôt, établi sur toutes les classes, eût été voté et perçu par eux ; enfin il n'y aurait plus eu d'autre juridiction que la justice ordinaire.

L'assemblée de 1356 et de 1357 est dirigée par Étienne Marcel : le système politique de cet homme illustre consiste à donner aux villes librement administrées la place qu'avaient jadis occupée dans l'ordre social les seigneurs féodaux, possesseurs et représentants des campagnes, c'est-à-dire à organiser une confédération des cités autonomes envoyant des délégués à une assemblée générale qui devait gouverner la France sous la suzeraineté du roi. La grande ordonnance de 1357 réalise dès le XIVe siècle les principes des monarchies constitutionnelles, et même les dépasse sur certains points. Le tiers état ne devait jamais aller plus loin dans sa lutte contre le pouvoir royal. Au reste, il ne tarda pas à comprendre autrement son rôle vis-à-vis de la royauté : il reforma avec elle l'ancienne alliance des communes associées au trône contre la féodalité, et subordonna la liberté politique à l'égalité sociale.

Un siècle après, dans les états de 1484, où nous avons entendu le seigneur de la Roche, député de la noblesse de Bourgogne, prononcer un discours si vigoureux en faveur de la souveraineté populaire, le tiers état « ne se passionne que pour le redressement de griefs matériels [1] ». C'est que les temps avaient changé : la bourgeoisie avait sans doute compris que son intérêt, comme celui de la France, était de soutenir la royauté contre les grands seigneurs féodaux ; l'ère de la liberté s'ouvrira quand l'œuvre du pouvoir royal aura été accomplie. D'ailleurs, la monarchie n'était plus pour le tiers état une institution de la féodalité ; les légistes avaient importé en France les idées impériales, et fait du roi comme une espèce de César. Ces vues devaient aisément s'allier avec les traditions romaines qui, comme

1. V. Augustin Thierry, *Hist. du tiers état.*

nous l'avons vu, avaient présidé à l'affranchissement des communes et préparé l'avènement de la bourgeoisie.

A l'époque où nous sommes parvenus, vers le commencement du XVIe siècle, il y a déjà longtemps que notre histoire sociale, « dégagée de ses origines et complète dans ses éléments, se déroule simple et régulière ». L'Église, riche et puissante, n'a pu réaliser son rêve de soumettre la société civile et politique à la société religieuse, mais elle ne se décourage point et nous la verrons bientôt saisir la première occasion pour faire de la France une théocratie catholique ; la noblesse garde et cultive l'héritage des mœurs germaniques, cantonnée dans des traditions dont elle se fait un droit, et opposant d'ailleurs au principe de la monarchie absolue celui de la souveraineté seigneuriale ; la bourgeoisie, répudiant ses ambitions premières et ses tentatives prématurées, est « moins éprise de liberté politique que d'ordre public et de vie nationale », et compte sur le pouvoir royal, seul capable de garantir l'un et de développer l'autre ; enfin la royauté est engagée sans retour dans la voie des traditions impériales ; elle seconde l'esprit de civilisation et combat l'esprit d'indépendance ; d'ailleurs elle grandit et se fortifie tous les jours ; elle semble même bien près d'être parvenue à l'apogée de sa grandeur : sans les guerres civiles qui vont bientôt éclater, le successeur de François Ier aurait pu être Louis XIV.

Telle est à grands traits l'histoire politique et sociale de la France depuis les origines jusqu'au moment où la Renaissance va ouvrir une ère nouvelle. Cette revue rapide était nécessaire avant d'aborder l'objet même de cet ouvrage. Pour étudier les œuvres des Bodin, des Hotman, des Bossuet et des Montesquieu, nous avions besoin de savoir quel était le passé de l'ancienne France. D'ailleurs, les vieilles traditions de notre pays, ses institutions antiques, les tendances et même les préjugés ou les passions séculaires des diverses classes qui ont formé la société française, doivent se retrouver chez les écrivains politiques dont il nous faut analyser les principes et les conceptions, même chez ceux qui rejetteront les enseignements de l'histoire et l'expérience des siècles passés, pour essayer de trouver dans la seule raison l'idéal du gouvernement politique et de l'organisation sociale.

CHAPITRE II

LA RENAISSANCE. — INFLUENCE DE LA PHILOSOPHIE ET DES LÉGISLATIONS ANTIQUES. — LA BOÉTIE.

Nous n'avons ici à étudier le mouvement de la Renaissance que chez les écrivains politiques du XVIe siècle. C'est la science du droit qui prépara la voie à celle du gouvernement et de la société ; elle-même fut renouvelée par une connaissance plus approfondie de l'antiquité grecque et latine. Alciat fonde d'abord l'école de Bourges et explique les lois romaines par les monuments littéraires et épigraphiques ; Cujas lui emprunte sa méthode, le dépasse, et, passionné pour la législation antique, pour « la raison écrite », il tente de la substituer aux traditions féodales. Les immenses travaux de ces deux jurisconsultes et de leurs disiples forment comme une sorte de transition à étude des questions politiques et sociales.

D'autre part, les esprits, séduits par les utopies des anciens philosophes, échauffés par la lecture des historiens antiques, pleins des souvenirs de la Grèce et de la république romaine, transportent dans leur propre temps les passions d'un autre âge, et exaltent à l'envi, soit les cités idéales des Platon, soit la Sparte d'un Lycurgue et la Crète d'un Minos. De même que les poètes de l'époque faisaient table rase du moyen âge et voulaient pour ainsi dire souder la France bout à bout avec l'antiquité, comme s'il n'y avait eu que nuit et silence dans les âges intermédiaires, de même, sur le terrain politique et social, on était porté à chercher le modèle de toute république dans les États anciens, tels que les avaient établis les législateurs ou rêvés les utopistes. Il ne s'agit déjà plus des traditions romaines impériales, obscurément conservées à travers le chaos social qui suit les invasions des barbares ; on s'est pris d'un bel enthousiasme pour les républiques grecques et latines, et, dans cet enthousiasme universel, la passion des érudits se mêle à un sentiment profond de la liberté et de l'égalité, dont ces républiques avaient, croyait-on, réalisé les principes.

L'influence de l'antiquité contribua puissamment à développer la science politique, on peut même dire qu'elle la fit naître. Mais, en revanche, elle devait bien souvent, dans le cours de notre histoire, produire les effets les plus pernicieux en propageant des idées absolument contraires et directement opposées aux principes mêmes de la civilisation moderne. Nous aurons plus tard à signaler ces préjugés antiques que nous retrouverons jusque dans le *Contrat social* de Rousseau. Contentons-nous pour le moment de montrer que les institutions des républiques anciennes ne furent pas comprises par le XVIe siècle. Dans les écrivains de cette époque, nous entendons à chaque instant retentir les noms de Lacédémone, d'Athènes et de l'antique Rome comme ceux d'États libres et de démocraties exemplaires. Il y a là une erreur qu'il importe de relever.

Qu'était-ce que le gouvernement de Sparte depuis Lycurgue? Une oligarchie de quelques citoyens privilégiés. Sans doute les membres de cette aristocratie jouissaient de la liberté et possédaient tous les droits politiques du citoyen : ils nommaient les sénateurs, qui à leur tour élisaient les éphores; l'égalité sociale régnait aussi parmi eux, puisqu'on leur donnait même le nom d'*égaux* ; et, si la population de la cité se fût réduite à cette classe, on aurait pu dire que Sparte était en effet une république modèle. Mais, dès que nous regardons par delà ce groupe, si peu nombreux, de citoyens privilégiés, que voyons-nous? une seconde assise de la société lacédémonienne, composée par la grande majorité des Spartiates, qui se trouvaient absolument exclus du gouvernement de la cité et du corps politique; puis une troisième, formée par les Laconiens, sur lesquels pesait une véritable tyrannie; enfin, les Hilotes. La démocratie de Lycurgue n'avait donc que les dehors d'une démocratie : la cité tout entière se trouvait aux mains de deux ou trois cents hommes libres, et le reste du corps social était sacrifié à cette oligarchie despotique.

A Athènes, la constitution de Solon établit des classes de citoyens distinguées par la richesse : à chacune de ces classes étaient attribués des droits proportionnés au cens; les hautes magistratures n'étaient exercées que par des citoyens opulents et ceux de la dernière catégorie ne pouvaient être ni sénateurs ni juges. Plus tard, il est vrai, tous les citoyens seront admis aux droits politiques; mais, dans cette ville, la plus libérale de toutes les cités anciennes, il n'y aura pas même alors de vraie liberté : ce ne sera plus ici, comme à Sparte, une tyrannie aristocratique ; ce sera le despotisme de l'État démocratique, qui absorbera dans son sein le citoyen tout entier. L'État peut demander au particulier sa fortune, et même sa vie ; il peut intervenir dans son existence domestique, dans l'éducation de ses enfants, dans ses croyances religieuses : la doctrine du salut public permet de sacrifier l'individu à l'intérêt de la cité, bien ou mal entendu. Si, à Sparte, la majorité de la population n'a aucun droit politique, à Athènes, où les citoyens votent tous, nomment les magistrats, font tour à tour partie des tribunaux, peuvent tous être élus archontes, — il leur manque pourtant la première des libertés, la liberté individuelle.

Quant à Rome, son histoire est d'abord remplie pendant de longs siècles par les luttes des plébéiens contre les patriciens, qui leur refusent les droits politiques, puis par celles des peuples soumis de l'Italie auxquels le titre de citoyen est dénié. La société romaine est, dans sa première forme, une république aristocratique, où l'égalité ne saurait régner ; puis elle se transforme en démocratie césarienne, et ne trouve l'égalité qu'avec la servitude. D'ailleurs, que l'État soit républicain, ou qu'il se personnifie dans l'Empereur, la personne humaine ne compte pour rien devant lui : devant lui, il n'y a plus ni droits ni justice.

A l'influence exercée au XVIe siècle par la lecture des historiens et des orateurs antiques, vint s'ajouter, comme il a été dit, celle des philosophes. Elle est d'ailleurs conforme en général aux principes sur lesquels étaient établies les cités anciennes.

Platon est comme le fondateur de la science politique. Ses idées sur le gouvernement et la société sont exposées dans la *Politique*, qui en est la première ébauche, dans la *République*, qui trace l'image de la cité idéale, dans les *Lois*, où il essaie d'accorder ses conceptions avec les nécessités pratiques. Le principe qui domine toute la philosophie sociale de Platon, c'est l'absorption à peu près complète de l'individu dans l'État. Il confond la politique avec la morale : à ses yeux, le devoir de l'État est de faire fleurir la vertu : or, si, dans une société utopique, la vertu peut être considérée comme fleurissant d'elle-même par le seul effet de l'éducation, elle ne peut réellement fleurir que par la contrainte si l'on prend les hommes tels qu'ils sont et la société telle qu'elle peut être : l'État doit donc intervenir constamment dans l'existence de l'individu, descendre dans sa vie privée et jusque dans sa conscience. Un autre principe de Platon aboutit à des conséquences analogues : pour lui, l'idéal de la politique, c'est « de substituer l'unité, source de perfection et d'harmonie, à la multiplicité, source d'imperfection et de discorde [1]. » Les deux institutions qui favorisent le plus l'individualisme, ce sont la propriété et la famille : voilà pourquoi Platon prêche la communauté des biens, la communauté des femmes et des enfants. Dans la *République*, le seul propriétaire est l'État : la collectivité des citoyens est comme une grande famille idéale, la seule qu'admette le philosophe. Dans les *Lois*, il est obligé de

1. Fouillée, *Hist. de la philosophie*.

transiger avec la rigueur de ses principes ; toutefois il n'admet encore la propriété individuelle que comme une sorte de fermage conféré par l'État et soumis à des règlements multiples, la famille que sous le contrôle des magistrats qui règlent et surveillent les mariages et tous les rapports qui en découlent. En somme, l'État est maître absolu : les droits qu'il laisse aux individus ne sont qu'octroyés et peuvent à tout instant se reprendre ; ce ne sont plus des droits.

Aristote accorde davantage à l'individu. Il ne considère plus l'État comme la seule unité vivante, mais comme une collection d'unités ayant chacune leur vie propre ; il réfute même le despotisme communiste sur lequel est fondée la conception de son devancier. Toutefois, ses théories ne sont pas au fond si différentes du platonisme. Le Stagyrite subordonne lui aussi la politique à la morale et admet toutes les conséquences de ce principe. Il ne reconnaît pas la liberté individuelle et laisse à l'État le soin de régler la propriété, la vie domestique, l'éducation ; regardant le loisir comme la condition nécessaire de la vertu, il dénie aux artisans les droits politiques ; il divise enfin les hommes en deux catégories, celle des citoyens libres et celle des esclaves. Pas plus que Platon, il ne s'élève à la conception du droit naturel : pour les deux philosophes, comme pour toute l'antiquité, l'État est la source de tous les droits, et les individus n'en ont que ce qu'il plaît à l'État de leur concéder. Ni l'un ni l'autre ne voient qu'au-dessus de la légalité il y a la justice, et que la personnalité de l'individu, quel qu'il soit, lui confère seule des droits antérieurs et supérieurs aux lois de l'État, tenues de les respecter.

On le voit, les notions les plus élémentaires de la liberté, telle que nous l'entendons, étaient méconnues soit par les législateurs soit par les théoriciens de l'antiquité. Nous aurons souvent l'occasion de montrer combien les traditions de la société ancienne faussèrent chez nous les véritables principes de la science politique, qui ne font encore aujourd'hui que de se dégager. Dès le XVIe siècle leur influence est presque partout dominante. On conçoit d'ailleurs comment tout ce qu'il y avait à cette époque d'esprits ardents et généreux furent séduits, grâce au mirage d'un éloignement trompeur, par les institutions des républiques antiques ou les conceptions des philosophes grecs.

Les États anciens avaient fait fleurir les vertus conformes à leur organisation ; le courage, le patriotisme, la constance, le dévouement, recommandaient à l'admiration les héros de Tite-Live et de Plutarque. D'autre part, on se passionnait pour les luttes politiques de l'agora et du forum ; les retraites sur le mont Sacré, les lois agraires, les conspirations, tous les récits de l'histoire ancienne échauffaient les âmes sans que l'on en comprît toujours bien le sens, et l'on se prenait d'enthousiasme chaque fois qu'on voyait flamboyer dans les harangues des orateurs ces mots de liberté, d'égalité, de république, de peuple, de droits politiques, qui, dans les civilisations de l'antiquité, ne pouvaient, comme nous l'avons vu, représenter les mêmes idées que chez nous. Quant aux théories des philosophes, elles avaient d'abord un caractère de simplicité et de logique qui devait inspirer la confiance; ensuite, elles frappaient, par la grandeur des principes, les esprits encore inexpérimentés qui ne pouvaient se représenter les désastreuses conséquences d'aussi belles doctrines. Rien de plus admirable que le rêve platonicien d'une république où la vertu règne partout d'elle-même ; rien encore de plus séduisant que le règne de la vertu imposée par les lois. Platon et Aristote partaient tous les deux de cette idée que le bien est la fin suprême de l'humanité, idée aussi élevée que juste en elle-même : la sublimité de cette morale faisait illusion sur les applications que les deux philosophes en tiraient pour l'ordre politique. Au reste, on ne voyait dans leur république que la classe des citoyens associés au gouvernement et jouissant de leurs droits, sans même considérer quelle oppression l'État faisait peser sur eux ; quant à la seconde classe, celle des esclaves, faite pour nourrir et servir la première, on ne songeait pas à elle : c'était comme l'envers d'un tableau que personne ne pensait à retourner.

Ces raisons peuvent expliquer l'influence que l'antiquité exerce dès le XVIe siècle. Tous les écrivains politiques la subissent plus ou moins : chez les uns elle se mêle à celle de la Réforme, que nous aurons plus loin à étudier ; d'autres savent la tempérer et la mitiger en accommodant tant bien que mal les idées antiques aux sociétés modernes ; d'autres enfin semblent plutôt des citoyens de Rome ou de Sparte que des Français.

Parmi ceux-ci se trouve l'auteur de la *Servitude volontaire*, la Boétie. L'amitié de Montaigne a fait longtemps son principal titre de gloire ; on se contentait jusqu'à ces derniers temps de mettre son ouvrage en appendice aux *Essais* ; c'est de nos jours seulement que ce vigoureux pamphlet contre le despotisme a été tiré d'un injuste oubli.

L'historien de Thou rapporte que la *Servitude volontaire* a été inspirée à son auteur par la vue des atrocités qui furent exercées à Bordeaux en 1548, lorsque le connétable Montmorency châtia la révolte de cette ville. Il faudrait voir alors dans ce discours une œuvre d'actualité, invective pleine d'une indignation toute fraîche contre la royauté, qui se signalait sous ses yeux par de semblables horreurs. L'assertion est démentie par Montaigne ; d'après ce dernier, la Boétie aurait traité ce sujet « par manière d'exercitation seulement ; » d'ailleurs, à en croire l'auteur des *Essais*, son ami n'avait alors que seize ans, ce qui fait remonter la composition de l'ouvrage à deux années avant la révolte de Bordeaux. Dans son *Histoire*, d'Aubigné prétend que l'idée de la *Servitude volontaire* fut suggérée au jeune homme par le ressentiment d'un affront tout personnel : en voyage à Paris, il visitait la salle du bal au Louvre, lorsqu'un archer de la garde lui laissa tomber sa hallebarde sur le pied en manière de plaisanterie ; la Boétie « cria justice par le palais ; » mais les grands qui l'entendirent ne firent que se moquer de lui. Cette anecdote peut sans doute être authentique ; quoi qu'il en soit, et même en la tenant pour telle, il faut voir dans l'inspiration de l'éloquent pamphlet autre chose qu'un mouvement d'irritation bilieuse : l'injure faite au jeune homme détermina l'explosion de sentiments qui depuis longtemps fermentaient dans son âme.

La *Servitude volontaire* ou le *Contre un*, après avoir circulé en manuscrit pendant une trentaine d'années, fut imprimée pour la première fois dans les *Mémoires de l'Estat de France*, par Simon Goulart de Senlis, ministre protestant, en 1576. Nous l'avons dit, la Boétie est un citoyen des républiques antiques ; nous retrouvons dans tout son discours l'influence unique des idées grecques et romaines : il n'appartient ni au catholicisme ni à la réforme.

Toutefois, après la Saint-Barthélemy, les huguenots, mettant la main sur le *Contre un*, s'approprièrent cette véhémente diatribe contre la royauté, et l'appliquèrent directement à la tyrannie sanguinaire des Valois, persécuteurs et bourreaux de leur religion. Montaigne, voyant que « l'ouvrage avait été mis en lumière à mauvaise fin par ceux qui cherchaient à troubler et changer l'état de notre police », déclare « qu'il ne fut jamais un meilleur citoyen que la Boétie, ni plus affectionné au repos de son pays, ni plus ennemi des remuements et nouvelletés de son temps ». Ce jugement mérite d'être expliqué : il faut prendre sans doute le discours sur la *Servitude* pour ce qu'il est, c'est-à-dire pour la déclamation éloquente d'un esprit généreux, à la vérité, mais souvent étroit et trop simple de vues, comme c'est le défaut ordinaire de la jeunesse ; et cependant, si la Boétie dut plus tard modifier ce qu'il y avait de trop exclusif et de trop absolu dans ses premières idées, il n'est pas à croire que l'auteur du *Contre un* se soit jamais rallié ou même résigné au despotisme, qu'il ait pu jamais abdiquer ce sentiment si vif de la dignité humaine, du droit, et de l'égalité naturelle entre les hommes, dont l'empreinte marque si fortement son ouvrage.

Dans la *Servitude volontaire*, la Boétie se propose d'examiner « si les autres façons de républiques sont meilleures que la monarchie » ou plutôt « comme il se peut faire que tant d'hommes, tant de bourgs, tant de villes, tant de nations endurent quelquefois un tyran qui n'a de puissance que celle qu'on lui donne ». La raison d'une semblable anomalie, il ne faut pas la chercher dans la lâcheté de ceux qui se laissent asservir : « deux peuvent craindre un, et possible dix ; mais mille, mais un million, mais mille villes, si elles ne se défendent d'un, cela n'est pas couardise, elle ne va point jusques là. » D'ailleurs, continue-t-il en s'adressant aux « peuples insensés, aux nations opiniastres en leur mal, » « celui qui vous maistrise tant n'a que deux yeux, n'a que deux mains, n'a qu'un corps, et n'a autre chose que ce qu'a le moindre homme du grand nombre infini de vos villes... » « Cherchons donc par conjecture comme s'est ainsi si avant enracinée ceste opinion volontaire de servir. » C'est là la première partie et, pour ainsi dire, l'exorde du discours avec sa proposition.

Dans le corps même de l'ouvrage, la Boétie commence par établir que les hommes naissent libres et égaux : « Cela est hors de doute que, si nous vivions avec les droits que la nature nous a donnés et les enseignements qu'elle nous apprend, nous serions naturellement sujets à la raison et serfs de personne. » Et plus loin : « Nature nous a tous faits de mesme forme, et, comme il semble à mesme moule. » La liberté et l'égalité ne suffisent pas à la Boétie ; il y ajoute encore la fraternité : « Puis doncques que ceste bonne mère nous a donné à tous figures en mesme paste, afin que chacun se pust mirer et quasi reconnaistre l'un dans l'autre; si elle nous a à tous en commun donné ce grand présent de la voix et de la parole pour nous accointer et fraterniser davantage, et faire, par la coutume et mutuelle déclaration de nos pensées, une communion de nos volontés..., il ne faut pas faire doute que nous ne soyons tous compaignons, etc. »

Comment les hommes ont-ils perdu « le souvenir de leur premier estre, » quand les bêtes elles-mêmes « ne se peuvent accoutumer à servir qu'avec protestation d'un désir contraire ? » Sans doute, l'on peut distinguer trois sortes de tyrans, ceux qui ont été élus par le peuple, ceux qui ont conquis le trône par les armes, ceux qui y ont succédé par la naissance ; mais « étant les moyens de venir au règne divers, toujours la façon de régner est quasi semblable » .

Quelles sont donc enfin les raisons pour lesquelles les hommes ne se révoltent pas contre la tyrannie ? La Boétie trouve la première dans la coutume. « Le naturel de l'homme est bien d'être franc ; mais aussi sa nature est telle, que naturellement il tient le pli que la nourriture lui donne. »

Cependant, ajoute-t-il, même dans les sociétés asservies, il y a des gens « qui ayant la teste d'eux-mesmes bien faite l'ont encore polie par l'étude et le savoir ; ceux-là, quand la liberté serait entièrement perdue, l'imaginant et la sentant en leur esprit, et encore la savourant, la servitude ne leur est jamais de goust, pour si bien qu'on l'accoutre. » Et voilà pourquoi dans les gouvernements despotiques, le premier soin des tyrans est « d'abêtir » leurs sujets et de les efféminer. Un jour, Cyrus apprend que les Sardins se sont révoltés ; il les réduit aisément ; mais, ne voulant pas les mettre à sac, ni tenir constamment une armée dans leur ville, il y établit des tavernes, des lieux de débauche et des jeux publics ; — et il se trouva si bien de cette garnison, qu'il n'eut jamais plus besoin de tirer un coup d'épée contre les Lydiens. « Les théastres, les farces, les spectacles, estoient aux peuples anciens le prix de leur liberté, les outils de la tyrannie. » C'est là pour la Boétie la seconde raison de la servitude volontaire.

Il y en a une troisième, la plus importante ; c'est que la tyrannie intéresse de proche en proche un grand nombre d'hommes à son maintien. « Ce ne sont pas les bandes de gens à cheval, ce ne sont pas les armes qui défendent le tyran ; mais, on ne le croira pas du premier coup, toutefois il est vrai, ce sont toujours quatre ou cinq qui maintiennent le tyran, quatre ou cinq qui lui tiennent le pays tout en servage. Toujours il a été que cinq ou six ont eu l'oreille du tyran... Ces six adressent si bien leur chef qu'il faut, pour la société, qu'il soit méchant, non pas seulement de ses méchancetés, mais encore des leurs. Ces six ont six cents qui profitent sous eux, et font de leurs six cents ce que les six font au tyran. Ces six cents tiennent sous eux six mille. Et qui voudra s'amuser à dévider ce filet, il verra que non pas les six mille, mais les cent mille, les millions, par ceste corde, se tiennent au tyran... »

Telles sont, d'après la Boétie, les causes pour lesquelles la tyrannie se maintient parmi les hommes. Il termine son ouvrage par une violente invective contre les fauteurs des tyrans et contre les tyrans eux-mêmes. « Levons les yeux vers le ciel, conclut-il dans sa péroraison, levons les yeux à Dieu, assuré témoin de nos faits et juste juge de nos fautes. De ma part, je pense bien, et ne suis pas trompé, puisqu'il n'est rien si contraire à Dieu, tout libéral et débonnaire, que la tyrannie, qu'il réserve bien là bas à part, pour les tyrans et leurs complices, quelque peine particulière. »

Ce résumé du *Contre un* montre assez que c'est l'œuvre d'un jeune homme, inspiré par le vif sentiment de la liberté et nourri dans l'admiration des vertus et des institutions antiques. Les noms de la Grèce et de Rome viennent à chaque instant illustrer cette harangue ; d'ailleurs l'ouvrage tout entier n'est qu'une longue tirade animée par le souvenir des Harmodios et des Brutus, et dans laquelle éclate la passion républicaine des anciens tribuns. « C'est, dit Montaigne lui-même, l'œuvre d'un garçon de seize ans qui eût mieux aimé être né à Venise qu'à Sarlat. » Ce nom de Venise se trouve aussi dans le pamphlet de la Boétie, comme celui d'une république exemplaire. L'éloignement lui faisait illusion sur les cités italiennes comme le temps sur les cités antiques. Pas plus que ses contemporains, il n'avait bien compris ni les unes ni les autres. Mais son âme élevée et généreuse était digne de l'idéal que son imagination seule avait cru voir réalisé en Grèce et en Italie.

On peut accuser la Boétie de fanatisme, d'exagération et d'étroitesse ; mais il faut avouer que, dans le temps où S. Goulart publiait son livre, les crimes et les hontes des derniers Valois justifiaient les plus violentes invectives du *Contre un*. Ce qu'il est juste de dire, c'est que l'ouvrage de la Boétie, philippique éloquente, mais souvent déclamatoire, n'a que de lointains rapports avec la science politique : il y règne une candeur et une simplesse qui indiquent à elles seules l'âge de l'auteur. « Soyez résolus de ne plus servir, dit-il aux peuples, et vous voilà libres. » La naïveté inoffensive d'une pareille solution suffirait à montrer que nous avons affaire à une tirade classique, tout abstraite, toute générale, dans laquelle le jeune homme s'est donné librement carrière, non seulement sans comprendre le monde antique, mais encore sans connaître le monde moderne.

La Boétie a bien saisi, il est vrai, quelques-uns des traits les plus généraux de la tyrannie ; les raisons qu'il assigne à la servitude volontaire sont vues avec finesse et déduites avec vigueur : mais il n'a ni résolu ni étudié aucun des problèmes qui se posaient devant lui, pas même cette question brûlante à laquelle tous les publicistes du XVIe siècle vont s'attacher : quelle est la limite entre l'obéissance due et la révolte licite, entre la tyrannie et le gouvernement légitime. Il est resté dans le vague et n'a fait, suivant le mot de Montaigne, que développer un thème d'exercitation.

Nous allons trouver après lui de véritables écrivains politiques, plus instruits et plus expérimentés, familiers avec le droit, versés dans l'histoire, mêlés aux événements et aux hommes de leur temps : à côté de leurs œuvres, c'est bien peu de chose que le *Contre un*. Toutefois, nous avons voulu nous arrêter à ce court pamphlet d'un adolescent, d'abord parce qu'il représente l'influence grecque et latine dans toute sa force, ensuite parce que l'auteur y revendique avec une ardeur généreuse les titres naturels de l'homme et les droits naturels du citoyen.

C'est, après tout, notre premier ouvrage politique. En Italie, Machiavel ne reconnaît d'autre règle que le succès et justifie les moyens par la fin ; il se fait le défenseur et le professeur des tyrans : en France, la Boétie établit la politique sur des principes. Sans doute, Machiavel est un esprit d'une tout autre étendue, d'une tout autre profondeur ; c'est le véritable fondateur de la science moderne, où il porte le premier l'esprit historique et critique avec la méthode d'observation ; mais l'auteur du *Contre un*, s'il manque de maturité, d'expérience et de lumières, a du moins le mérite d'une inspiration toujours généreuse, d'un idéal toujours élevé, et sa vigoureuse passion pour la justice peut et doit se passer de tout machiavélisme.

CHAPITRE III

LA RÉFORME. — SON ACTION POLITIQUE. — HOTMAN ET LANGUET.

L'influence de l'antiquité républicaine se fait partout sentir au XVIe siècle : mais, tandis que nous la saisissons, dans la Boétie, dégagée de tout élément étranger, elle est beaucoup moins sensible chez d'autres écrivains politiques, dominés par l'esprit de la réforme.

Cet esprit avait pris naissance dans les pays du nord, où la centralisation autoritaire du catholicisme avait toujours été combattue par un vif sentiment de la personnalité : le grand mouvement religieux du XVIe siècle se rattache donc au courant germanique. Nous n'avons pas ici à parler de la réforme en Allemagne et de son grand promoteur. Disons cependant que, dans les écrits et les actes de Luther, rien ne paraît annoncer ces tendances vers la liberté individuelle qu'on s'accorde avec raison à considérer comme le caractère le plus saillant du protestantisme.

Le réformateur allemand édifie toute sa théologie sur

cette base, que la chute a complètement annihilé la volonté de l'homme et qu'il ne peut s'en ressaisir libre qu'avec la grâce de Dieu ; quant au libre examen, il est bien forcé de s'en servir comme d'un moyen, mais il ne l'établit point comme un principe. Aussi les doctrines sociales et politiques du réformateur n'ont-elles rien de commun avec celles qui devaient sortir plus tard de la réforme. Choisi comme arbitre entre les paysans et les seigneurs, il dénie aux premiers, tout en reconnaissant la justice de leur cause, le droit de recourir à la violence contre l'autorité que Dieu a établie.

Si de Luther nous passons à Calvin, celui-ci n'insiste pas moins sur l'obéissance due aux magistrats, bons ou mauvais. Sans doute, à toutes les formes politiques il préfère la démocratie, et il va même jusqu'à déclarer que c'est le gouvernement choisi par Dieu pour son peuple ; mais, à ses yeux, tout pouvoir constitué est de droit divin.

Quant à la liberté de conscience, Luther a pour la revendiquer des paroles admirables : toutefois, lorsque la réforme eut elle-même à se défendre, il en fit aisément trop bon marché et approuva, par exemple, la loi de mort promulguée par le synode de Hambourg contre quiconque professerait l'anabaptisme. Mélanchton, le plus doux des réformateurs, démontre le droit de punir les hérétiques. Calvin fait brûler Servet, et Théodore de Bèze justifie Calvin.

Quelle que soit pourtant la doctrine politique des principaux réformateurs, on ne saurait, après réflexion, s'étonner que le protestantisme échappe bientôt à leur direction pour adopter les principes qui ont fait de lui le grand initiateur des peuples modernes à la liberté et à la démocratie. Même dans Luther et Calvin, on trouve le germe de toutes les idées libérales, ou du moins toutes les prémisses dont la réforme devait tirer les conclusions. Déclarer, comme le le réformateur allemand, que tous les chrétiens sont prêtres, c'est fonder l'égalité de tous les fidèles et la responsabilité directe de chacun devant Dieu. User du libre examen pour établir même le dogme de la grâce, absolument contraire à la liberté, c'est reconnaître le droit de s'en servir pour poser des principes d'une tout autre conséquence : l'autorité centrale est détruite ; chaque protestant devient pape ; il ne reste plus debout que la loi de Dieu interprétée par la raison de l'homme.

Sans doute, c'est encore là de la théologie pure : mais l'esprit de cette théologie devait bientôt s'appliquer à l'organisation d'une nouvelle société ecclésiastique sur laquelle se formerait inévitablement la société civile. Calvin détruit la hiérarchie sacerdotale et y substitue une constitution républicaine et fédérative des communions réformées : traduire dans la société laïque les principes qui avaient présidé à cette organisation, c'était fonder le gouvernement démocratique. Aussi est-ce sous l'influence du protestantisme que le mot de république, appliqué jusqu'alors à tous les gouvernements, va être réservé au seul gouvernement de tous par tous. La souveraineté de la conscience individuelle dans l'ordre religieux devait avoir pour corrollaire, dans l'ordre politique, la souveraineté de la volonté individuelle : tout protestant étant pape, tout protestant devait être roi. La réforme aperçut bien vite ces conséquences, et elle les tira d'autant plus hardiment qu'elle fut presque partout rejetée et combattue par les pouvoirs établis. Quand les huguenots de France virent les bûchers dévorer leurs frères, ils jugèrent que la soumission était duperie, et se trouvèrent prêts dès lors à transporter la réforme du domaine religieux dans le domaine civil.

Les deux principaux écrivains qui représentent l'esprit politique de la réforme française sont François Hotman et Hubert Languet.

François Hotman naquit le 23 août 1524 à Paris. Il fit ses études de droit et ne tarda pas à embrasser le protestantisme ; il se lia même avec Calvin, qui le fit nommer professeur de belles-lettres à Lausanne. Il enseigna ensuite le droit dans plusieurs universités. Homme de science et d'étude, ce fut aussi un huguenot militant : on le compte parmi les instigateurs de la conjuration d'Amboise, et on lui attribue *l'Epistre au tygre de France* contre le cardinal de Lorraine. C'est après la Saint-Barthélemy que, sauvé du massacre par un de ses anciens élèves, il alla s'établir à Genève, où il publia en 1573 son œuvre la plus célèbre, le *Franco Gallia seu Tractatus isagogicus de regimine regum Galliæ et de jure successionis* [1], réimprimé un an après sous le titre de *Libellus statum veteris reipublicæ gallicæ describens* [2], et traduit l'année suivante en français par Simon Goulart.

Nous n'avons plus affaire, avec Hotman, à un jeune homme inexpérimenté, à un rhétoricien, comme la Boétie, mais à un des plus grands jurisconsultes du XVIe siècle,

1. *Du gouvernement des rois de France et du droit de succession.*

2. *Traité des anciennes institutions françaises.*

au successeur même de Cujas dans la chaire de Bourges, à un des érudits contemporains qui étaient le plus versés dans la science de nos origines nationales. Ce qui frappe tout d'abord chez ce professeur de droit, c'est qu'il repousse les théories romaines impériales et rompt en visière avec le vieil esprit légiste et parlementaire. Nous avons vu que les jurisconsultes bourgeois, à partir du XIIIe siècle, sentant qu'ils avaient besoin du pouvoir royal contre la féodalité, avaient puisé dans le droit romain de l'empire les principes d'une monarchie, qui, refusant la liberté politique, donnerait l'égalité civile. L'idéal d'Hotman est directement opposé : au milieu des troubles religieux et des persécutions, « il prit en aversion la monarchie absolue et l'autorité des parlements pour se faire un modèle de gouvernement dans lequel la royauté subsistait, mais soumise à un grand conseil national en qui résiderait la souveraineté suprême [1] ».

C'étaient là les institutions mêmes que réclamait le parti huguenot modéré. L'esprit de la réforme avait suggéré cet idéal à Hotman ; il se fit historien pour soutenir ses vues ; aussi son ouvrage est-il plutôt en apparence un traité historique de la monarchie française, comme le sous-titre l'indique, qu'un livre de politique : établi à Genève, encore sous l'impression toute récente de la Saint-Barthélemy et des guerres civiles qui désolaient la France, voyant qu'il n'y avait rien à attendre du régime politique contemporain, il chercha s'il n'y avait pas dans l'histoire de l'ancienne France d'autres institutions plus conformes aux tendances de son parti : il rassembla tous les documents qu'il put trouver, les lut, les médita, et en tira sur l'ancien gouver-

1. Augustin Thierry.

nement du pays des idées en accord avec ses prédilections.

Quel était, d'après lui, ce gouvernement? Hotman montre que la royauté a toujours été subordonnée en Gaule et en France à une autorité supérieure. A l'époque de la conquête romaine, les différentes tribus de la Gaule formaient, d'après lui, une fédération d'États indépendants dont la souveraineté supérieure était attribuée à une assemblée générale des députés de tout le pays. Lorsque les Franks eurent envahi notre territoire, la fédération fut remplacée par une monarchie ; mais cette monarchie était élective. Sans doute, c'était en général le fils du roi précédent qui était élu pour lui succéder, et, de la sorte, l'hérédité s'établit ; mais il y eut là une tradition et non pas un droit. Les états généraux avaient seuls qualité pour désigner le prince ; ils lui étaient supérieurs et pouvaient le déposer ; à eux appartenait de faire les lois, de régler les impôts, de décider les questions de paix ou de guerre. Ces états se composaient à l'origine de trois ordres : 1° les nobles ; 2° les juges et marchands ; 3° les artisans et les laboureurs. Quant au clergé, il n'avait pas de pouvoir politique et ne formait point un ordre. C'est par suite d'empiétements successifs que la monarchie arriva à s'attribuer une puissance absolue ; le despotisme est moderne en France, il ne peut se fonder sur l'histoire de nos origines et sur nos anciennes traditions nationales qui sont toutes contraires à ses prétentions. La formule même « *quia tale nostrum est placitum* » signifiait jadis : « car tel est l'avis de nos assemblées » et non « tel est mon bon plaisir ».

Quelque soin que prenne Hotman de citer ses sources et

de produire ses textes, il nous est facile aujourd'hui de montrer combien pèche son érudition. « Il rapproche et confond les états généraux des Valois, les parlements de barons des premiers rois de la deuxième race, les assemblées politico-ecclésiastiques qui les précédèrent, les revues militaires et plaids des Mérovingiens, les assemblées des tribus germaniques telles que Tacite les décrit[1]. » Mais, malgré ces erreurs, le *Franco-Gallia* eut une immense influence; il répondait aux aspirations des huguenots et de tous ceux qui désiraient un gouvernement libéral. On a dit que Hotman avait des tendances aristocratiques, c'est une grave erreur : au XVIIIe siècle, Boulainvilliers sera amené, par des vues historiques analogues, à des conclusions en accord avec ses instincts et ses préjugés de grand seigneur; Hotman, lui, est bien un démocrate : ce qu'il demande, c'est la souveraineté, non pas d'une classe, mais de la nation tout entière, représentée par les États; il ne conclut pas sans doute à la suppression de la noblesse comme pouvoir politique; il n'est pas non plus républicain, parce qu'il veut laisser debout la royauté, tout en diminuant ses prérogatives; mais dans le système de gouvernement qu'il croit retrouver jusque chez les anciens Franks, et qu'il préconise pour l'avenir aussi bien que dans le passé, c'est au peuple, en donnant à ce mot le sens le plus démocratique, qu'appartient la vraie souveraineté; le peuple, dans les États, forme à lui seul deux ordres : or, comme le pouvoir des assemblées nationales est supérieur à celui du roi, et que, dans le sein de ces assemblées, les délégués du peu-

1. Augustin Thierry.

ple sont assurés d'avoir la majorité, — la société politique, telle que la conçoit Hotman, est une véritable démocratie sur laquelle ne peut prévaloir ni l'autorité du monarque, soumise au corps électif, ni celle de la noblesse, annulée par le vote des deux autres ordres.

Vers la même époque que le *Franco-Gallia*, parut un des ouvrages les plus originaux du XVIe siècle, le *Vindiciæ contra tyrannos*[1] de Hubert Languet. Né en 1518, Languet avait fait ses études de droit à Poitiers. Converti par Mélanchton aux nouvelles idées religieuses, il alla s'établir pour quelque temps auprès de lui, à Wittemberg ; puis, après avoir fait plusieurs voyages dans différents pays de l'Europe, il fut nommé agent diplomatique de l'électeur de Saxe en France d'abord, et ensuite en Allemagne. Comme Hotman, il avait failli être victime de la Saint-Barthélemy. C'est en 1579 qu'il publia le *Vindiciæ* : nous allons brièvement analyser ce remarquable ouvrage. L'édition dont nous nous servons est celle qui parut à Edimbourg sous le pseudonyme de Junius Brutus, avec le sous-titre : *De principum in populum populique in principes legitima potestate*[2] ; c'est l'édition princeps, en latin.

Le traité tout entier se divise en quatre chapitres. Dans le premier, Languet examine si les sujets sont tenus d'obéir au prince qui leur commande quelque chose contre la loi de Dieu. Il commence par accuser les rois de vouloir établir leur autorité sur les âmes de leurs sujets, et d'usurper les

1. Revendications contre les tyrans.

2. De la puissance légitime des princes sur le peuple et du peuple sur les princes.

droits de la puissance divine, tandis que les peuples ont à leur tour le tort d'accorder à César ce qui n'appartient qu'à Dieu : peuples et rois devront être reconnaissants à l'auteur de les éclairer sur leurs droits réciproques.

Entrant dans son sujet, il pose d'abord ce principe que les princes sont les vassaux de Dieu, dont ils reçoivent l'investiture, et il le prouve par des exemples : la conclusion naturelle, c'est que le prince, pour avoir droit à l'obéissance du peuple, doit remplir ses devoirs envers Dieu, son suzerain. Sans doute, Dieu a délégué aux rois son autorité sur la terre, mais il ne l'a jamais abdiquée : les rois doivent rester soumis à Dieu sous peine de félonie, et, s'ils sont reconnus félons, ils perdent par cela même tout droit au trône.

C'est ce que Languet rend plus clair encore en établissant le double contrat que l'écriture mentionne dans l'institution des rois : premier contrat entre Dieu, le roi et le peuple, en vertu duquel le peuple doit être fidèle à la loi divine ; second contrat entre le roi et le peuple, en vertu duquel le roi doit être obéi par le peuple tant qu'il commande selon la loi de Dieu. Le peuple n'est donc pas tenu d'obéir au roi contre Dieu ; il doit obéir au suzerain plutôt qu'au vassal ; s'il obéit au vassal contre le suzerain, il est rebelle au même titre qu'un colon *(colonus)* qui prendrait les armes contre le roi pour son seigneur, vassal du roi.

Dans la deuxième partie, Languet recherche s'il est permis de résister au prince qui viole la loi de Dieu, et quelle est la limite de ce droit. Remarquons d'abord que, dans le premier contrat, Dieu traite avec le peuple comme avec le roi : le peuple a donc qualité pour s'engager, et, par suite, autorité pour tenir ses engagements. Si, par exemple, le roi s'abandonne à l'impiété, le peuple a le droit d'intervenir. Le roi et le peuple s'engagent non séparément, mais conjointement : ils sont donc solidairement responsables : le roi, par lui-même, et le peuple, par lui-même, s'engagent à observer la loi divine : si l'un des deux contractants ne tient pas sa promesse, Dieu peut demander des comptes à l'autre. Il est donc permis au peuple, il lui est même prescrit de résister au roi qui viole la loi de Dieu : cette résistance se traduira par des représentations, par la ruse ou par la force, suivant les cas. — Quand on dit « le peuple », il faut entendre les magistrats qui le représentent, c'est-à-dire les officiers du royaume, les *Principes*, *Pares*, *Patricii*, *Optimates*, et tous les autres mandataires, choisis par les ordres, dont se compose le *Conseil ordinaire* ou le *Conseil extraordinaire*, appelé *Parlement*, *Diète*, ou autrement. Chacun de ces magistrats est inférieur au roi ; mais tous ensemble lui sont supérieurs. A ce conseil appartient la tutelle du peuple, qui s'est confié à lui : ce que fait la majorité des conseillers est censé fait par tous, et ce que tous ont fait est censé fait par le peuple.

Mais il faut examiner le cas où la majorité du conseil seconde le roi contre Dieu, tandis qu'une partie du peuple, représenté par un certain nombre de magistrats, ou même par un seul, veut rester fidèle à la loi divine. Il ne s'agit pas ici de quelques particuliers, mais d'une province ou d'une ville qui forme une portion du royaume. Comment résoudre la question ? Dans le contrat, toutes les parties du royaume promettent fidélité à Dieu et lui font hommage : le chef d'une ville ou d'une province doit donc se rappeler qu'il a signé un double contrat, le premier et le plus ancien avec Dieu, en vertu duquel le peuple doit rester fidèle à la loi divine, le deuxième et le plus récent avec le roi, en vertu duquel le peuple doit rester soumis à l'autorité royale : le deuxième contrat étant subordonné au premier et n'engageant le peuple envers le roi que si le roi tient ses engagements envers Dieu, il s'ensuit que le magistrat, représentant le peuple ou une portion du peuple, doit être infidèle au roi pour rester fidèle à Dieu.

Mais n'est-ce pas ouvrir la porte à toute sorte de rébellions? — Il n'y a point là de rébellion : la portion du peuple qui résiste au prince, ne lui refuse point ce qu'elle lui doit, mais ce qu'elle ne lui doit pas ; et d'ailleurs, elle ne prend les armes qu'en dernier recours, après provocation, et en état de légitime défense.

Examinons maintenant le cas des simples particuliers. Ceux-ci ne sont pas chargés de veiller à ce que le peuple reste fidèle à la loi divine ; ils n'ont pas de puissance, donc pas de responsabilité. Mais, dira-t-on, le contrat n'a-t-il pas été fait entre Dieu et chacun des individus qui composent la nation ? Sans doute ; seulement, les particuliers ne se sont obligés qu'à servir Dieu pour leur propre compte. Que fera donc le simple citoyen ? Si les chefs résistent au roi, il les aidera ; dans le cas contraire, il s'exilera, et, s'il ne le peut pas, il renoncera plutôt à la vie qu'à Dieu. Mais aucun particulier n'aura-t-il le droit de résister ? Quelquefois, des particuliers sont suscités par Dieu ; dès lors, ils doivent résister, mais ce n'est plus comme particuliers ; au reste, il faut se méfier de ceux qui arborent le drapeau de la résistance sans qu'on voie en eux les vrais signes de la vocation. — Quoi donc ? les armes doivent-elles être prises pour la religion ? Oui, sans doute. L'Église ne doit pas se propager par le fer, mais elle peut recourir au fer pour se défendre.

Le troisième chapitre a pour titre : Est-il permis, et jusqu'à quel point, de résister au prince qui opprime la république ? Nous voici maintenant en pleine politique. Languet établit d'abord que Dieu élit les rois et que le peuple les institue : c'est ce que prouvent les Écritures pour les Juifs, et l'histoire pour les souverains païens ; quant à la France, le *Vindiciæ* admet ici les théories historiques du *Franco-Gallia*. Si le peuple établit les rois, il est donc supérieur au roi ; si le peuple est supérieur au roi, les représentants du peuple, réunis en assemblée, le sont aussi. Ici, il faut distinguer entre les officiers du roi, qui dépendent de la couronne, et ceux du royaume, qui relèvent du peuple. Ce sont ces derniers qui représentent la nation ; et leur puissance, qui est celle du peuple, limite l'autorité du roi. Telles furent les institutions de l'ancienne Gaule : elles se sont peu à peu altérées et perdues, mais il n'y a pas de prescription contre le peuple, qui ne meurt jamais.

Il est prouvé que le peuple est supérieur au roi. Quel est donc le devoir du roi ? Il a été élu pour protéger chacun contre son voisin et le peuple tout entier contre l'étranger. Le roi qui a ses intérêts en vue est un tyran ; la royauté est faite pour la nation, à qui elle a pour devoir d'assurer la sécurité et la justice. Mais, si le roi rend la justice, il est soumis à la loi : il est le gardien et l'exécuteur de la loi, qu'il ne peut faire à lui tout seul, et qui ne peut avoir de force que ratifiée par le peuple ou ses représentants. En

France, où la royauté a plus de prérogatives que partout ailleurs, les lois étaient portées autrefois dans l'assemblée des trois ordres ou dans le conseil royal : maintenant un édit du parlement est encore nécessaire. — Le roi n'a point droit de vie et de mort sur ses sujets, car, s'il a été établi pour l'avantage du peuple, on ne peut admettre que le peuple, qui l'a établi, lui ait reconnu un pareil droit. Le roi n'a pas non plus le pouvoir d'absoudre celui que la loi a condamné ; il peut seulement interpréter la loi suivant son véritable esprit, et le sénat a le droit de contrôler cette interprétation. — Les sujets ne sont pas les esclaves, mais les frères du roi. — Le roi n'est point propriétaire du domaine public : chez les Turcs eux-mêmes, le trésor du roi et le trésor public sont séparés ; le roi n'est propriétaire que de ses biens privés comme tout particulier. — Le roi n'a pas plus l'usufruit que la propriété : il ne peut engager le patrimoine du fisc ; en France, aucun don royal ne vaut sans l'approbation de la chambre des comptes.

Ici, Languet passe au deuxième contrat entre le roi et le peuple : en vertu de ce contrat, le peuple faisait promettre au roi de commander justement et, de son côté, s'engageait dans ce cas à lui obéir. Le roi promettait sans condition, le peuple s'engageait sous condition. Dans son contrat avec Dieu, le roi a promis la piété ; dans son contrat avec le peuple, il promet la justice. S'il ne tient pas sa première promesse, Dieu le punit ; s'il ne tient pas la seconde, c'est le peuple qui le punira, par lui-même ou par ses représentants. Ce contrat entre le peuple et le roi existe dans tous les pays, même en France ; d'ailleurs, quand il n'est pas formel, il est tacite ; il existe par droit naturel ; si le roi le viole, le roi fait acte de tyrannie ; si le peuple y contrevient, le peuple fait acte de sédition.

Il faut distinguer deux sortes de tyrans : le tyran par usurpation et le tyran par abus de pouvoir. A l'égard du premier, le droit naturel nous enseigne à protéger contre toute violence notre vie et notre liberté. Au droit naturel s'ajoute le droit des gens : nous devons résister, sous peine de trahir nous-mêmes la justice, à celui qui viole les lois de la société. D'ailleurs rien ne peut nous retenir, puisque nous ne sommes liés ni par serment, ni par contrat ; un particulier même a le droit de tuer le tyran par usurpation. Cependant, si l'usurpateur obtient la sanction du peuple, nous sommes tenus dès lors de lui obéir, sans quoi, aucun trône ne serait solide. — En passant au tyran par abus de pouvoir, nous devons d'abord nous rappeler que les rois sont des hommes et que nous ne pouvons pas exiger d'eux la perfection. Mais, si le tyran ruine de parti pris la république, s'il prévarique, s'il est l'ennemi de ses sujets, on ne saurait le tolérer. D'ailleurs, même dans ce cas, il faut éviter un remède pire que le mal. Les magistrats délégués du peuple doivent d'abord faire des représentations. Cependant, quand tous les moyens de ce genre sont épuisés, on peut employer les autres, car il y a félonie du roi envers le peuple, et c'est le roi qui mérite le nom de rebelle. Que les représentants de la nation prennent donc l'initiative ; ce n'est pas seulement leur droit, c'est encore leur devoir ; ils ne siègent pas pour la montre et comme des magistrats de parade : ils ont l'honneur, mais aussi la charge.

Dans la quatrième partie, Languet examine si les princes

voisins peuvent ou doivent porter secours aux sujets d'autres princes maltraités pour cause de religion ou opprimés par une tyrannie manifeste. Nous n'insisterons pas sur cette question. Pour le premier point, tous les États sont membres d'un seul corps, l'Église, et Dieu a confié l'Église tout entière à chacun, et chacune de ses parties à tous. Quant au second point, le prince, qui, pouvant empêcher les crimes de la tyrannie, les contemple sans intervenir, est plus coupable encore que le tyran.

Tel est, en résumé, le contenu du *Vindiciæ*. On peut dire qu'il procède de la réforme plus directement encore que le *Franco-Gallia*. Hotman s'appuyait principalement sur l'ancienne histoire de France, Languet cherche ses exemples et ses autorités surtout dans l'histoire du peuple juif, ce peuple qui, comme il le dit, avait été institué non par un Platon et un Aristote, mais par Dieu lui-même : en se réclamant sans cesse de l'Écriture sainte, Languet fait de son livre une œuvre de théologie aussi bien que d'histoire. Cependant, il ne faudrait pas trop s'attacher à cette différence entre les deux écrivains : Languet cherche aussi ses preuves dans l'histoire profane, et souvent, comme l'auteur du *Franco-Gallia*, dans celle du peuple français ; on peut même dire qu'il accepte à peu près complètement les idées et les théories historiques de son devancier.

Nous n'avons pu dans notre brève analyse citer tous les exemples qu'il emprunte à nos annales ; on le voit s'appuyer à chaque instant sur les institutions de l'ancienne France, notamment dans la troisième partie, soit pour prouver que les rois étaient institués par les peuples, soit pour établir que l'assemblée des trois ordres nommait les officiers du royaume, soit pour montrer que les lois étaient portées jadis au sein du même conseil. La principale distinction entre Hotman et Languet, c'est que Languet dépasse Hotman, en usant d'une méthode souvent analogue ; d'autre part, non content de s'appuyer sur l'histoire, même sur celle du peuple juif, il invoque souvent le droit naturel, par exemple quand il atteste que les hommes naissent libres, que les rois sont établis pour gouverner dans l'intérêt de leurs sujets, et quand, à défaut d'un contrat formel, il invoque un pacte tacite. Languet, au reste, pousse fort loin l'application logique de ses principes. Dans sa préface, il dit qu'il veut procéder à la façon des géomètres qui passent du point à la ligne, de la ligne à la surface, de la surface au corps : en effet ses démonstrations ont un caractère de rigueur toute géométrique, et, si les exemples historiques qu'il produit sont souvent contestables par eux-mêmes ou par l'interprétation qu'il leur donne, on peut dire que ses raisonnements sont toujours strictement déduits.

Ce qui frappe en effet chez lui, c'est, avec la netteté du style, celle de la composition. A ce point de vue, Languet est bien supérieur à Bodin, que nous étudierons bientôt. Toutefois, ce logicien rigoureux reste malgré tout modéré dans la pratique. Il se rend à lui-même cette justice dans sa préface, et il faut reconnaître que c'est à bon droit.

L'analyse de son ouvrage nous en donne bien des preuves : c'est ainsi qu'en accordant au peuple le droit de résister par les armes, il ne lui permet de l'exercer que par ses représentants ; c'est ainsi qu'il recommande de ne pas traiter tout d'abord de tyran un roi qui ne répond pas complètement à l'attente de ses sujets, c'est ainsi qu'il conseille de ne recourir aux armes qu'à la dernière extrémité et quand tous les autres moyens ont été épuisés.

Languet parle avec une grande liberté d'expression et ne ménage point ses termes ; mais cette franchise n'est pas de la violence : il est brutal comme un géomètre, et la crudité de son langage ne dépasse jamais les conclusions de sa logique. Rien ne serait donc plus faux que de prendre, comme on l'a fait souvent, le *Vindiciæ contra tyrannos* pour un pamphlet violent et fanatique. C'est non pas l'œuvre d'un sectaire, mais au contraire celle d'un homme éclairé, instruit, consciencieux, aussi modéré par son caractère que ferme dans ses principes.

Ce qu'il y a de nouveau dans le traité de Languet, après celui d'Hotman, c'est la théorie de la résistance par les armes, résistance directe du peuple qui n'attend point l'autorisation de l'Église. Cette théorie est fondée tout entière sur le contrat, qui peut être regardé comme le fond même du *Vindiciæ*. Nous en retrouverons plus tard l'idée dans Rousseau. Languet a eu le mérite d'établir en plein XVIe siècle de grands principes qui seront la base de la science politique à la veille de notre Révolution.

Avec la Boétie, Languet et Hotman, la science politique en France se fonde sur le droit. Dans sa préface, Languet, comme avait fait la Boétie, comme fera plus tard Bodin, repousse avec indignation les théories de Machiavel. La politique dont il pose les bases est, dit-il, une matrone légitime, chaste, pure ; celle de Machiavel ressemble à une courtisane fardée et impudique ; et il jette un défi aux disciples du publiciste italien en les appelant dans la lice.

Nous avons dit quel succès avait eu le *Franco-Gallia*. Le *Vindiciæ* en eut encore davantage : ce n'était plus un ouvrage d'érudition ; fondé sur la Bible, pâture quotidienne des masses huguenotes, et sur le droit naturel, dont le sentiment est inhérent au cœur de chacun, il se trouvait par là même destiné à une influence très étendue. Dans les vingt-cinq dernières années du XVIe siècle, la trace des idées qu'avait répandues Hotman et Languet se retrouve en France partout : on la voit notamment dans les États de Blois, où le tiers ne craint pas de déclarer que la souveraineté appartient à l'assemblée et qu'il faut procéder non par supplications mais par résolutions. Pourtant, c'est en dehors de la France que les principes des deux écrivains trouvèrent leur plus illustre et leur plus décisive application. En 1581, les états généraux des Provinces-Unies déclarent le roi d'Espagne déchu de sa souveraineté au nom du droit de nature. Le *Franco-Gallia* et le *Vindiciæ* avaient eu sur la révolution des Pays-Bas la même influence que devait exercer le *Contrat social* sur celle d'Amérique.

Éminemment propres au protestantisme, les théories de Hotman et de Languet ne tardèrent pourtant pas à être adoptées par les plus ardents catholiques. Dès que Henri de Navarre, prince protestant, fut devenu l'héritier présomptif du trône, les catholiques, jusque alors défenseurs de la royauté absolue, changèrent complètement d'attitude. Le camp huguenot resta fidèle à ses principes : aucun de ses publicistes n'avait repoussé la monarchie libérale que le futur Henri IV semblait promettre à la France ; mais, quant à leurs adversaires, ils appliquèrent désormais contre la royauté légitime et modérée ce principe de la résistance que Hotman et Languet avaient établi contre la tyrannie.

Nous n'insisterons pas sur les idées politiques de la Ligue : ce sont justement celles du *Franco-Gallia* et du *Vindiciæ*, mises au service des passions catholiques. Le pamphlet le plus célèbre du parti ligueur, celui du curé Boucher sur la juste abdication de Henri III, n'est guère qu'un perpétuel plagiat. Mais les catholiques, en adoptant les théories politiques des huguenots, en altèrent et en vicient le caractère : la démocratie libérale du protestantisme devient chez eux je ne sais quelle démagogie théocratique. Si la Ligue avait triomphé, elle aurait abouti, non à la monarchie éclairée de Henri IV qui devint pour les protestants la meilleure des républiques, mais à une « anarchie vassale de deux tyrannies, celle du pape pour le spirituel, celle du roi d'Espagne pour le temporel [1] ».

1. H. Martin, *Histoire de France*.

CHAPITRE IV

LE PARTI DES POLITIQUES. — LA RÉPUBLIQUE DE BODIN.

Les principes libéraux et démocratiques, sur lesquels s'appuyaient Hotman et Languet, et qui trouvèrent dans d'autres pays une application toute prochaine, ne devaient être appliqués que beaucoup plus tard dans celui même où ils avaient été mis pour la première fois en lumière. Le triomphe définitif du catholicisme, bientôt parvenu à s'emparer de Henri IV, et renonçant dès lors à toute velléité démocratique, permit à la royauté absolue, qui n'avait pas accompli son œuvre, de fournir encore une carrière de deux siècles. Au reste, on peut dire que le nouveau roi, quoique très jaloux de son autorité, était bien fait par son origine, par sa modération éclairée, par le caractère national de sa politique, pour réconcilier la France avec la monarchie.

Entre les protestants et les catholiques, il s'était formé, dans la dernière période des guerres civiles, un parti intermédiaire qui se donna le nom significatif de parti *politique*.

C'est lui qui préside à l'ère nouvelle en essayant de fonder avec Henri IV une monarchie plus libérale et plus populaire.

Les principaux représentants de cette école modérée sont l'Hospital, du Bartas et Bodin : le premier flotte entre le protestantisme et le catholicisme, le second est protestant, le troisième catholique. Tous les trois poursuivent d'ailleurs le même but, l'établissement de la tolérance religieuse et la restauration de la royauté sur des bases plus démocratiques. C'est là la tendance générale du parti tout entier : il a son homme d'État dans l'Hospital, son poète dans du Bartas, son théoricien dans Bodin.

La liberté de conscience n'eut pas, au XVIe siècle, de plus infatigable défenseur que l'Hospital. Dès 1560, aux états d'Orléans, il commence à s'en faire l'avocat, prenant d'abord pour point de départ l'utilité pratique avant de s'élever à de plus hautes considérations ; dix ans après, il publie son *Traité sur le but de la guerre et de la paix* où il montre que la liberté religieuse est de toutes les libertés la plus pure et la plus sacrée. D'ailleurs, il sait bien quelle est la vivacité des haines confessionnelles ; aussi tous ses efforts tendent-ils de bonne heure à la convocation d'un concile général, qui établira un accord entre les deux religions. Cette tentative de réconciliation ne devait pas réussir : mais, quand elle eut échoué, l'Hospital fit du moins tout ce qu'il put en faveur de la tolérance. Au reste, ses paroles ne trouvèrent d'écho que longtemps après ; on sait que la Saint-Barthélemy le fit mourir de chagrin.

Le calviniste du Bartas, dont les œuvres, annotées par Simon Goulart, servirent pour ainsi dire de trophée à la réforme, ne cesse pourtant d'y prêcher la paix religieuse. Avec toute l'ardeur de la foi, il sait conserver toute la tolérance du scepticisme : c'est, comme on l'a dit, un l'Hospital huguenot. Il porte dans ses vues politiques le même esprit de modération : ami de Henri IV, nul plus que lui ne contribua à l'établissement d'une monarchie éclairée, tempérée et libérale. Ses poèmes, dont le succès fut prodigieux, répandirent dans une multitude de lecteurs les sentiments de concorde, d'apaisement, de tolérance politique et religieuse sur lesquels devait bientôt s'appuyer le gouvernement réparateur du premier Bourbon.

Nous ne pouvons insister plus longuement sur l'Hospital et sur Bartas, qui ne sont pas, à proprement parler, des écrivains politiques. Quant à Bodin, son œuvre est, dans le domaine qui nous occupe, la plus considérable et la plus complète du XVIe siècle.

Jean Bodin, né en 1530, à Angers, était, comme Hotman et Languet, un jurisconsulte : nous l'avons déjà remarqué, la science politique en France se fonde sur celle du droit. D'abord professeur à Toulouse, il s'établit ensuite à Paris comme avocat, mais ne tarda pas à quitter le barreau pour composer son grand ouvrage de la *République*, qu'il fit paraître en 1577. La *République*, divisée en six livres, est un immense répertoire des diverses matières qui se rapportent à la science générale du gouvernement et à toutes les branches particulières de cette science. Nous laisserons ici de côté ce qui n'est pas relatif à la politique proprement dite, et, dans ces limites mêmes, nous insisterons de préférence sur ce qui touche aux principes.

Critiquant d'abord la définition que les anciens avaient

donnée de la république, considérée par eux comme une société d'hommes assemblés en vue « de bien et heureusement vivre », Bodin reproche surtout à cette formule d'assigner le bonheur pour but au gouvernement des hommes. Quant à lui, tout en se gardant des utopies et des chimères, il essaiera de fonder l'État sur des principes plus élevés : à ses yeux, la fin suprême de toute société, c'est « la contemplation des choses naturelles, humaines et divines ». Bodin semble ici confondre la politique avec la morale et même avec la religion. D'ailleurs, il descend bientôt de ces sommets métaphysiques pour reconnaître que l'État ne peut être bien ordonné si on laisse de côté les actions ordinaires, la voie de justice, la garde et défense des sujets, les vivres et provisions, etc. ». C'est une transition qui lui permet de passer sur-le-champ au domaine de la pratique.

Dans le chapitre suivant, il établit que la famille bien conduite est la vraie image de la république, sans voir que la république a pour principe l'égalité de tous les citoyens, et la famille la subordination des enfants au père. On a dit d'Hotman et de Languet qu'ils remuaient le passé pour en faire sortir bon gré mal gré un ordre politique et social conforme à leurs préférences propres et à celles de leur parti. Bodin, il ne faut pas s'y tromper, n'est pas plus désintéressé : son but est de justifier le droit monarchique et les institutions qui en dérivent dans la société française contemporaine. Aussi, traitant de la famille, veut-il accorder au père un pouvoir despotique, comme chez les anciens : ce pouvoir sera celui du roi dans l'état monarchique, dont la famille est, à ses yeux, le prototype.

Parmi les membres de la famille, Bodin, après les

parents et les enfants, trouve les esclaves. Il se demande si la servitude est de droit naturel, ainsi que l'avaient soutenu Aristote et tous les écrivains politiques du moyen âge chrétien comme de l'antiquité païenne. Bien que reconnaissant toutes les raisons qui ont pu autoriser une aussi grave erreur, il ne la combat pas avec moins de force. Il ne s'élève point jusqu'à l'idée de la personnalité inaliénable, puisqu'il réclame surtout contre l'asservissement possible « des méchants aux bons et des sages aux fols ; » mais il réfute du moins avec une grande force les partisans de l'esclavage, et ce passage de son œuvre est un des plus élevés et des mieux déduits.

Comme il le dit dans sa préface, Bodin, « après avoir commencé par la famille, continue par ordre à la souveraineté ». Le caractère de la souveraineté, c'est qu'elle n'admet point de limites : elle est absolue et perpétuelle. Perpétuelle, car il n'y a point de souveraineté lorsque la puissance peut être retirée à tout moment, ou doit cesser au bout d'un temps déterminé ; le dictateur romain, le grand archonte d'Athènes, le lieutenant général et perpétuel d'un prince avec pouvoir illimité, ne sont pas souverains. Absolue, c'est-à-dire exempte de toutes charges et de toutes conditions, sauf la loi de Dieu et celle de la nature. La formule « tel est notre plaisir » veut dire que « les lois du prince souverain, quoiqu'elles fussent fondées en bonnes et vives raisons, ne dépendent néanmoins que de sa pure et franche volonté ». « La puissance absolue n'est autre chose que celle de déroger au droit ordinaire. » Que la souveraineté soit exercée par un monarque, une noblesse ou le corps des citoyens tout entier, la marque en est le pouvoir de faire et de défaire les lois sans consulter le peuple, et de ne les observer qu'à son gré.

« Il faut voir en toute République ceux qui tiennent la souveraineté pour juger quel est l'État : si la souveraineté gît en un seul prince, nous l'appelons monarchique ; si tout le peuple y a part, nous disons que l'état est populaire : s'il n'y a que la moindre partie du peuple, nous jugeons que l'État est aristocratique. » Bodin ne reconnaît que ces trois formes de gouvernement, et repousse « la quatrième, mêlée des trois, » qu'avaient admise Aristote, Polybe, Cicéron, Machiavel. D'après ceux-ci, les républiques de Sparte et de Rome étaient des exemples de ce quatrième État ; Machiavel y ajoutait encore certaines républiques d'Italie, en particulier Venise.

Mais, fait justement observer Bodin, la souveraineté est une et indivisible ; elle ne peut se départir à un prince, aux seigneurs et au peuple en même temps ; dans ce cas, en effet, la vraie marque de la souveraineté, le droit de faire les lois, appartient aux trois souverains, c'est-à-dire à tout le monde ; par suite, le gouvernement est démocratique. D'ailleurs, si l'on partage entre trois les actes de la souveraineté, celui qui aura dans ses attributions le pouvoir de faire les lois interdira aux autres par une loi les actes de souveraineté qui leur auront été réservés ; il faudra donc en venir aux armes, jusqu'à ce que la souveraineté demeure à un prince, à la moindre partie du peuple ou à tout le peuple, c'est-à-dire jusqu'à ce que l'on retombe dans une des trois formes reconnues.

Quant aux exemples allégués, Bodin montre ensuite avec non moins de raison que les républiques de Lacédémone, de Rome et de Venise sont des gouvernements simples et non composés : Lacédémone et Venise, des aristocraties ; Rome, une démocratie. « On a voulu dire et publier par écrit, ajoute-t-il, que l'État de France était aussi composé de trois républiques, et que le parlement de Paris tenait une forme d'aristocratie, les trois états (états généraux) la démocratie, et le roi l'État royal. » Mais d'après lui, c'est là une opinion absurde, bien plus un crime digne de mort : et il réfute les idées de Hotman en montrant dans le parlement un corps purement judiciaire, et, dans les États, une assemblée que le prince convoque à son gré et qui, loin d'avoir une part quelconque à la souveraineté, présente des suppliques à genoux devant le trône royal. On peut lui reprocher sans doute de ne pas examiner s'il en a toujours été ainsi, mais il a raison de soutenir que le gouvernement de la France est, au XVIe siècle, une pure et simple royauté.

La monarchie peut prendre des formes diverses. Bodin les passe tour à tour en revue : la monarchie seigneuriale où le prince est seigneur des personnes et des biens ; la monarchie royale où le prince obéit aux lois naturelles et laisse à chacun la liberté conforme à la nature et à la propriété des biens ; enfin la monarchie tyrannique, où le prince foule aux pieds les droits de la nature, viole la liberté des francs sujets et attente à leurs possessions.

Après avoir défini cette dernière forme de gouvernement, Bodin est tout naturellement amené à traiter cette question si vivement débattue par les publicistes du XVIe siècle et qu'un coup de poignard ou d'arquebuse venait parfois résoudre d'une tragique façon : s'il est permis de tuer les tyrans, ou, du moins, s'il y a telle circonstance où le tyrannicide peut être regardé comme légitime. Il se prononce sans hésiter pour la négative relativement au tyran par abus de pouvoir, qu'il distingue, comme Languet, du tyran par usurpation. Ce dernier peut être tué, et même « sans voie de justice » ; quant à l'autre, quant à celui qui est souverain, personne n'a le droit de porter la main sur lui, ni particulier, ni magistrat, ni corps quelconque de la nation, lors même qu'il se serait rendu coupable de tous les crimes; il ne peut pas non plus être traduit en justice, car « le sujet n'a pas de juridiction sur son prince ». Bodin admet que, dans certains cas, les sujets opposent une résistance passive, par exemple lorsque le tyran commande quelque chose contre la loi de Dieu et de la nature : on se cache, on s'enfuit ; il est même permis de parer les coups ; mais pour ce qui est d'attenter à la personne du souverain, on doit plutôt souffrir la mort.

Il faut sans doute savoir gré à Bodin de condamner le tyrannicide ; mais nous devons remarquer en même temps qu'il pousse au delà des bornes le devoir d'obéir au tyran. « S'il n'y a plus de remède aux fautes du prince souverain, dit-il au chapitre 4e du livre III, et si celui-ci mande aux magistrats que ses actions soient excusées envers les sujets, il vaut beaucoup mieux obéir et, en ce faisant, couvrir et ensevelir la mémoire d'une méchanceté déjà faite, qu'en le refusant l'irriter pour faire pis ; » et, partant de là, il blâme Papinien de n'avoir pas voulu excuser devant les sénateurs le meurtre de Géta par Caracalla.

Le livre quatrième est consacré presque tout entier à la théorie des révolutions, que Bodin emprunte d'Aristote, et aux moyens de connaître d'avance les changements des États; cette dernière science, Bodin la fonde sur l'astrologie. — Le chapitre sixième est pour nous le plus intéressant de ce livre : l'auteur y examine « s'il est expédient que le prince juge les sujets ». « Il n'y a, dit-il, chose qui ait plus ruiné les républiques que dépouiller les magistrats de leur puissance ordinaire pour attribuer tout à ceux qui ont la souveraineté ; car, d'autant que la puissance souveraine est moindre, d'autant elle est plus assurée ; » et il rappelle les paroles de Théopompe, qui, ayant accru la puissance du Sénat et fait ériger cinq éphores en titre d'office comme tribuns populaires, répond à sa femme, mécontente de le voir diminuer son autorité : « Aussi l'ai-je bien plus assurée pour l'avenir, car il est bien difficile qu'un bâtiment élevé trop haut ne ruine bientôt. » — Bodin admet des cas où les princes peuvent et doivent juger, mais ne veut pas qu'ils en fassent métier. Il semble entrevoir la nécessité de séparer le pouvoir judiciaire du pouvoir législatif, sans en saisir d'ailleurs les causes profondes, comme le fera Montesquieu deux siècles après.

La principale question que traite le livre suivant est celle des climats. L'auteur de la *République* n'a pas en politique d'idéal absolu, et il reconnaît volontiers que chacune des trois formes de gouvernement peut être la meilleure, suivant le peuple à qui elle s'applique. « Il advint à Florence, il y a cent ans, que la République par succession de temps était quasi changée en aristocratie ; le sénat fut assemblé pour y donner ordre, et la chose mise en délibération ; le sénateur Vespuce remontra par vives raisons que l'état aristocratique était plus sûr et beaucoup meilleur que l'état populaire, et mit en avant pour exemple l'état de Venise ; mais Antoine Soderin soutint pour l'état populaire et le gagna, disant que le naturel du Vénitien était propre à l'aristocratie, et les Florentins à l'état populaire. » Or, le climat a une grande influence sur le « naturel » des nations, et c'est ce que montre longuement Bodin, en dessinant dans quelques chapitres l'ébauche de cette science toute nouvelle que nous appelons la psychologie des peuples. « Ainsi, dit-il, que nous voyons en toutes sortes d'animaux une variété bien grande, et en chacune espèce quelque différence notable pour la diversité des régions, aussi pouvons-nous dire qu'il y a presque autant de variétés au naturel des hommes qu'il y a de climats. » Le principe une fois posé, il explique fort ingénieusement pourquoi les nations du nord ont des royaumes électifs, pourquoi les habitants des vallées sont efféminés, pourquoi c'est dans les contrées les plus stériles qu'on trouve les peuples les plus ingénieux, etc. Nous ne suivrons pas Bodin dans les applications de sa théorie : elles sont souvent bien hasardées ; mais la théorie elle-même ouvrait comme un nouveau champ à la science, et Montesquieu devait la reprendre.

Le livre sixième est un des plus importants de la *République :* l'auteur y compare entre elles les trois formes de gouvernement. Il commence par l'état populaire, et reconnaît tout d'abord que c'est le plus louable, en ce qu'il cherche l'égalité et la droiture en toutes lois ; aussi peut-on le considérer comme « la vraie image de la République ». Mais ce n'est là qu'une vue toute spéculative. Si l'on passe au domaine de la pratique, il faut singulièrement en rabattre. Cette égalité et cette droiture ne sont qu'un idéal inaccessible et chimérique, gros de périls, de dissensions intestines et de bouleversements continuels, dès qu'on songe à le réaliser. D'ailleurs, « demander conseil au peuple n'est autre chose que demander sagesse aux furieux » : et pourtant, dans le gouvernement démocratique, c'est la folie du peuple qui s'impose à la prudence des sages. Un autre inconvénient de ce même état, c'est que les conseils sont « éventés » en public et ne peuvent être exécutés rapidement. Enfin les républiques populaires bannissent la vertu : car l'intérêt du peuple est de donner les charges « aux vicieux », sans quoi il perdrait sa puissance, les gens de bien ne favorisant que leurs semblables, c'est-à-dire le petit nombre ; aussi l'état démocratique déborde-t-il en toute licence. Incapable, en somme, de réaliser son idéal, il aboutit dans la pratique à l'anarchie et à l'incapacité.

L'aristocratie est un moyen terme entre deux extrêmes, ce qui semble déjà une présomption en sa faveur ; d'ailleurs elle donne la direction des affaires aux plus nobles, aux plus vertueux et aux plus riches, et c'est là une sérieuse garantie de bon gouvernement. Mais ces avantages sont bien compensés par les plus graves inconvénients : c'est d'abord que « l'état de peu de seigneurs est l'état de peu de tyrans, » et ensuite « qu'il règne entre les seigneurs une crainte et une défiance perpétuelles, » cause de ruine pour les républiques.

Quant à la monarchie, Bodin, comme nous l'avons dit, n'a composé son ouvrage que pour en montrer la supériorité sur les autres formes de gouvernement. Aussi commence-t-il par en indiquer les « incommodités, » pour donner ensuite une plus grande force à son apologie. Les seules qu'il signale sont relatives aux « changements » qu'amène la succession des princes, aux minorités pendant lesquelles les tuteurs s'arrogent la puissance royale, et à la jeunesse des rois qui se laissent emporter par leurs passions. Mais ces dangers, ajoute-t-il, se représentent dans les autres états sous des formes diverses, et d'ailleurs les avantages certains et permanents du gouvernement monarchique ne sauraient être mis en balance avec des périls tout éventuels ou des maux tout transitoires. La souveraineté « n'a point de vrai sujet ni d'appui s'il n'y a un chef avec puissance souveraine » ; il faut « que la puissance de commander soit en un personnage » ; d'ailleurs, « les lois de la nature nous guident à la monarchie, » soit que nous envisagions le corps humain, soit que nous portions nos regards sur l'univers : telles sont les raisons que Bodin énumère et développe en faveur de la royauté. — Mais, si parmi les divers gouvernements, la meilleure forme est la monarchie, il y a encore lieu de se demander quelle est la meilleure entre les formes diverses de ce gouvernement. Suivant l'auteur de *la République*, c'est « la monarchie dévolue par droit successif au mâle le plus proche du nom et hors partage ». Il le montre avec une grande abondance de preuves et d'exemples, puis il réfute ceux d'après lesquels « le royaume de France serait jamais tombé en élection ». En effet, les institutions qu'il préconise sont, comme nous l'avons déjà remarqué, celles de la monarchie française, et il ne veut pas permettre qu'on en ruine aucun principe, même dans le passé le plus lointain.

Le dernier chapitre du sixième livre et du volume tout entier nous montre comment Bodin entendait modérer le gouvernement monarchique, et contient la formule même de l'organisation sociale, telle que l'auteur de *la République* l'a conçue. Il veut que l'état royal soit tempéré par l'état aristocratique et l'état populaire, de façon que les principes des trois gouvernements se mélangent sous une seule et même forme.

Les anciens distinguaient deux justices : la justice commutative ou arithmétique, fondée sur l'égalité, et la justice distributive ou géométrique, fondée sur la proportion.

La justice arithmétique, propre aux états populaires, dans lesquels tous les citoyens sont égaux entre eux, n'a que les apparences de l'équité véritable : en effet, si l'on appelle justice « le partage des loyers[1] et des peines », il est injuste, au point de vue des peines, que la gravité du châtiment ne s'accorde pas avec celle de la faute, et, au point de vue des loyers, que chacun ne soit pas récompensé ou servi selon ses mérites.

La justice géométrique, propre aux aristocraties, ne peut servir non plus de fondement à la République, parce qu'elle sacrifie l'égalité à la proportion, comme la justice commutative sacrifiait la proportion à l'égalité.

Ainsi, ni l'une ni l'autre de ces deux justices ne saurait par elle-même réaliser la justice. Mais il y en a une autre, dont aucun philosophe n'a parlé jusqu'à Bodin : celui-ci lui donne le nom de justice harmonique, et en fait la base de tout gouvernement équitable.

La justice harmonique tient à la fois de la justice distri-

1. Récompenses, honneurs, richesses, etc.

butive et de la justice commutative ; elle mélange les deux principes, sans jamais sacrifier l'un à l'autre. Chacun d'eux pris à part est incapable de constituer l'ordre social : unis ensemble dans la mesure qui convient, ils forment par ce tempérament la véritable justice, qui est, pour ainsi dire, l'harmonieux accord de l'égalité et de la proportion. La justice arithmétique est semblable à la règle de Polyclète, si droite et si ferme qu'elle ne pouvait ployer ; la justice géométrique, à la règle lesbienne, qui, étant de plomb, s'accommodait en tous sens ; quant à la justice harmonique, elle peut se comparer à une troisième règle qui ploierait doucement et se redresserait aussitôt.

Bodin trouve un exemple de la proportion harmonique dans cette ordonnance de Philippe le Bel sur les habits, où il est porté « que le duc, comte et prélat qui la violera paiera 100 livres, le banneret 50, le chevalier 40, les doyens, archidiacres, prieurs et autres clercs 25, les autres laïcs, s'ils ont 1,000 livres, 25, si moins, 100 sols, les autres clercs sans dignité, 100 sols ». « On voit ici les peines inégales à personnes inégales suivant la justice géométrique, et néanmoins on voit aussi égalité de peines à personnes inégales suivant la justice arithmétique ; et l'une et l'autre tellement attrempée [1] que la justice harmonique en résulte. »

L'état royal, gouverné harmoniquement, est le plus sûr et le plus beau. Bodin avait déjà dit, au chapitre VII du livre II, que le gouvernement d'une république peut être contraire à l'état. « La monarchie, y écrivait-il, est du tout contraire à l'état populaire, et néanmoins la majesté souveraine, pour être en un seul prince qui gouvernera son

1. Mélangée de telle sorte.

État populairement, ce ne sera pourtant pas une confusion de l'état populaire avec la monarchie qui soit incompatible, mais bien de la monarchie avec le gouvernement populaire (ce) qui est la plus assurée monarchie qui soit. » Dans le dernier chapitre de son ouvrage, l'auteur établit définitivement son système en mélangeant, non pas les « états » mais les gouvernements », c'est-à-dire non pas les formes, mais les principes. « Le monarque, dit-il, peut gouverner son royaume populairement et par proportion égale, appelant tous ses sujets, sans discrétion[1] de personne, à tous honneurs quels qu'ils soient, sans faire choix de leurs mérites ou de leur suffisance, soit par sort, soit par ordre des uns après les autres. » « Aussi le roi peut gouverner son État aristocratiquement, donnant les états et charges honorifiques et la distribution des charges et loyers par proportion géométrique, faisant choix de la noblesse des uns et de la richesse des autres et rebutant les pauvres roturiers, sans avoir égard ni aux mérites ni aux vertus d'iceux. » Mais ces deux modes de gouvernement, qui n'en voit les vices ? « Le roi doit donc gouverner son royaume harmoniquement, entremêler doucement les nobles et les roturiers, les riches et les pauvres, avec telle discrétion toutefois que les nobles aient quelque avantage sur les roturiers, et que le riche, égal en autre chose au pauvre, soit aussi préféré aux états[2] qui ont plus d'honneur que de profit, et que le pauvre emporte les offices qui ont plus de profit que d'honneur... » « En quoi faisant, le sage prince accordera ses sujets les uns

1. Distinction.
2. Fonctions.

aux autres et tous ensemble avec soi. » — Tel est, d'après Bodin, l'idéal du gouvernement ; et il conclut en rapportant que les « anciens théologiens » donnaient trois filles à Thémis, la Loi droite, l'Équité et la Paix. Ces trois déesses, dit-il, personnifient les trois formes de la justice ; « et néanmoins, la Paix, qui figure la justice harmonique, est le seul but et comble de toutes les lois et jugements et du vrai gouvernement royal. »

Bodin, dans sa préface, avait, comme la Boétie et comme Languet, protesté contre les théories de Machiavel « qui met pour un parangon de tous les rois le plus déloyal fils de prêtre qui fut onques ». Aussi tente-t-il lui-même, comme nous l'avons vu, de fonder la politique sur la justice. Mais, malgré ses efforts, il se laisse entraîner par ses préventions en faveur de la monarchie, et ne s'élève pas jusqu'aux principes mêmes du droit universel. S'il avait entièrement dégagé l'essence des diverses formes gouvernementales, il aurait vu, lui qui proclame la souveraineté une et indivisible, que cette souveraineté réside dans le peuple seul, et que le gouvernement démocratique est le seul capable de réaliser la justice. Bien loin de là, il repousse l'état populaire pour des raisons de médiocre valeur ; on peut dire même qu'il ne comprend pas la véritable république démocratique, non pas même cette République idéale, où tous les citoyens sont également sages, également riches, également vertueux, mais la république possible où le peuple nomme des représentants, où, sans être assez éclairé pour gouverner lui-même, il a assez de lumières pour bien choisir ceux à qui il délègue sa souveraineté, où enfin, sachant discerner les plus dignes et les plus capables, c'est aussi à ceux-là qu'il veut confier ses intérêts, pour les voir bien gérés, et ses affaires, pour les voir bien conduites[1].

A l'état populaire, Bodin préfère la monarchie : du moins, cette monarchie, il la conçoit modérée. Quoiqu'il admette la supériorité du roi sur les états généraux, sans quoi la souveraineté royale ne serait qu'un leurre, il n'est point partisan de la royauté arbitraire ; au contraire, il recherche tous les tempéraments qui peuvent empêcher la monarchie de dégénérer en tyrannie : il ne reconnaît pas au prince le droit de lever des impôts non consentis ; il lui interdit d'attenter à la liberté civile des sujets : il lui conseille de consulter les assemblées ; enfin, il donne pour limite à son autorité la loi divine et la loi naturelle. Mais, quelques barrières qu'il essaie d'opposer au pouvoir monarchique, la souveraineté absolue qu'il est forcé d'attribuer au monarque laisse la porte ouverte à tous les abus du despotisme : la loi de Dieu et la loi naturelle, que Bodin invoque sans essayer même d'en fixer les termes, ne sauraient être des freins que pour le bon prince, c'est-à-dire pour celui-là même qui en a le moins besoin. Au reste, cette loi de la nature condamne la monarchie absolue dont l'auteur de la *République* s'est fait le théoricien, puisque la monarchie absolue est contraire par son essence même à la liberté naturelle de la personne humaine.

Bodin, homme politique, fut d'ailleurs plus hardi que Bodin écrivain. Dans son grand ouvrage, il repousse sans doute l'emploi de la violence en matière religieuse, une fois que les sectes ont été introduites dans le royaume ; mais il

1. Bien entendu, il s'agit seulement ici de *ce que le peuple*, suivant l'expression de Montesquieu, *ne peut pas faire par lui-même*.

prétend qu'on ne doit pas laisser mettre en doute la religion dans les pays où il y a unité de croyance, et va même jusqu'à dire que « celui qui doute s'il y a un Dieu mérite qu'on lui fasse sentir la peine des lois sans user d'arguments ». Et pourtant, aux états généraux de 1577, il ne craignit pas d'encourir la disgrâce de ses protecteurs pour défendre la liberté de conscience, sans admettre aucune restriction. De même, après avoir proclamé dans sa *République* que le peuple n'a jamais le droit de désobéir au prince légitime, on le voit, en 1589, conseiller aux Laonnais de se soustraire à la domination d'un « monarque hypocrite et perfide [1] ».

Quoi qu'il en soit, Bodin représente assez fidèlement l'opinion moyenne du parti politique dans son ensemble. Il vécut assez pour voir Henri IV, montant sur le trône, appliquer les principes de la tolérance et établir cette monarchie absolue en droit, mais modérée de fait, que l'auteur de la *République* avait eue pour idéal.

1. Henri III.

CHAPITRE V

DERNIÈRES RÉSISTANCES A LA MONARCHIE ABSOLUE. — LA FRONDE. — RETZ. — PASCAL.

Avec Henri IV, les destinées de la France se décident. Tout avait été mis en discussion pendant le XVIe siècle : tous les systèmes de gouvernement, toutes les théories historiques ou philosophiques avaient eu leur place dans cette époque orageuse et confuse : aussi pouvait-on se demander à quoi aboutirait cette mêlée de doctrines et de partis, et quel régime politique devait sortir d'un pareil chaos. Dès que Henri IV monte sur le trône, l'avenir devient clair ; dès lors, la monarchie, restaurée sur des bases plus populaires, reprend une vigueur nouvelle et semble refaire un pacte avec la nation.

Le règne de Henri IV, dit Augustin Thierry, est une époque décisive. Placé sur la limite commune de deux siècles, il recueille tout le fruit du travail social et des expériences de l'un, et jette dans leur moule toutes les institutions que devait perfectionner l'autre. La royauté, dégagée de ce que le moyen âge avait laissé de confus à son caractère, apparaît sous sa forme moderne, celle qu'elle devait conserver jusqu'en 1789. » C'est la personne même de Henri IV qui la rend populaire et lui donne une apparence libérale : au fond, le pouvoir tend à se concentrer de plus en plus, et cette centralisation fait de la monarchie un vaste réseau administratif dont tous les fils, partant d'un point unique, reviennent vers leur centre commun après avoir enserré la France entière. En même temps, le progrès de la nation vers l'unité et vers l'égalité civile s'accélère de jour en jour à la faveur de la royauté, qui, de jour en jour, prend une forme plus absolue.

Quatre ans après la mort de Henri IV s'assemblent les états généraux de 1614, qui consument plusieurs mois dans des luttes stériles entre les différents ordres, et qui n'aboutissent qu'à une complète déconvenue. On sait combien le peuple avait jusqu'alors compté sur ces assemblées pour défendre ses intérêts, et quelle en avait été la popularité. Mais, à partir de 1614, l'opinion est entièrement déçue. Les états généraux de cette année sont les derniers de la monarchie : « ainsi finit ce vieux système représentatif qui n'avait jamais été régularisé ni constitué et qui s'était si longtemps mêlé à la monarchie plus encore en idée qu'en pratique, sans que les droits respectifs de la couronne et des états eussent jamais été nettement définis ; le système des états généraux expira dans un antagonisme stérile entre les divers ordres qui composaient la société et laissa au peuple le sentiment de l'impuissance d'un régime où les deux ordres privilégiés paralysaient nécessairement les efforts de l'ordre populaire [1]. »

1. Augustin Thierry.

Cette déception, ce discrédit des états, ne pouvait profiter qu'à la royauté ; c'est elle en effet qui en tira tous les bénéfices : elle devint pour le peuple le gage de l'unité et de l'égalité sociale, jusqu'au jour où cette unité et cette égalité devaient se montrer à lui sous leur véritable forme. La nation était tellement lassée des états, que, lorsqu'une assemblée des trois ordres eut été convoquée pour le 15 mars 1649, ni les bourgeois ni les campagnards ne se portèrent aux élections : un mouvement irrésistible entraînait les esprits vers la monarchie et vers les idées qu'elle semblait représenter.

Richelieu fut d'abord l'agent supérieur de cette évolution nul ne contribua plus que lui à établir le niveau de l'égalité civile en détruisant les restes de la féodalité et en abaissant les grandes maisons seigneuriales, tandis que la bourgeoisie gagnait tout ce dont la noblesse était dépouillée. S'il fit disparaître les derniers vestiges des libertés municipales et provinciales, s'il s'établit définitivement sur ses bases la monarchie absolue en concentrant tous les pouvoir entre ses mains, ce sont là des actes qu'il ne faut pas juger avec nos idées modernes ; il suffit, pour rendre justice au grand ministre, de se reporter dans l'époque et dans le milieu de son activité politique.

Richelieu trouva la France marchant vers la royauté absolue comme vers un idéal, et il l'y conduisit d'une main ferme et sûre. On peut regretter qu'il ait dû, pour accomplir sa tâche, établir le prétendu droit de la couronne à lever des impôts non consentis, ruiner, comme nous l'avons dit plus haut, certaines franchises locales, dont il ne faut pas d'ailleurs exagérer l'importance, énerver enfin chez les Français l'esprit d'initiative et d'indépendance personnelles : mais, nous devons nous le rappeler, la France de cette époque n'avait à choisir qu'entre l'unité avec la monarchie et, sans elle, la division, le désordre, la guerre civile. Au reste, Richelieu n'a pas constitué le pouvoir monarchique absolu : il n'a fait que le réglementer. « Depuis le jour où les états généraux de 1439 laissèrent établir la taille permanente avec l'armée permanente, la royauté marchait au despotisme ; les guerres de religion n'avaient qu'interrompu ce mouvement : François Ier avait régné en plein arbitraire et Henri IV refit de la monarchie pure autant qu'il en put faire ; son gouvernement ne fut pas plus représentatif que celui de François Ier et de Richelieu : tous trois vécurent également d'impôts non octroyés par les états généraux [1]. »

Cette marche de la royauté vers le pouvoir absolu, depuis 1439 jusqu'à l'époque où nous sommes, avait été retardée ou hâtée dans le cours des âges, suivant les circonstances ; elle s'était notamment interrompue au XVIe siècle pendant la période des guerres civiles. Henri IV et Richelieu l'avaient puissamment secondée et accélérée ; toutefois, après la mort de ce dernier, elle éprouva une nouvelle interruption : mais celle-ci fut beaucoup moins longue et moins grave que la première, et le résultat le plus clair de la Fronde fut l'affermissement définitif de la monarchie.

Un moment, le peuple, déçu par les états généraux, se tourna vers le parlement, et crut trouver en lui le représentant de ses intérêts et de ses aspirations. Depuis que,

1. H. Martin, *Histoire de France*.

par l'établissement de la paulette, les charges étaient devenues une propriété héréditaire, les magistrats parlementaires avaient vu s'accroître considérablement leur pouvoir, et aussi leur indépendance. Le parlement se faisait appeler « le protecteur-né du peuple ». Menacé, depuis les états généraux, d'être frappé dans sa puissance par l'abolition de la vénalité et de l'hérédité des offices, — dès qu'il ne sentit plus peser sur lui la main de Richelieu, il saisit la première occasion pour relever la tête. Les édits financiers de Mazarin la lui fournirent et, en défendant ses propres intérêts, il mit en avant ceux du peuple. On sait comment les quatre cours souveraines s'assemblèrent dans la chambre de saint Louis le 13 mai 1648 « pour servir le public et le particulier, et réformer les abus de l'État ». Le peuple suivit son protecteur. « Tout le monde s'éveilla, dit le cardinal de Retz ; on chercha comme à tâtons les lois ; on ne les trouva plus. On s'effara, on cria, on se les demanda ; et, dans cette agitation, le peuple entra dans le sanctuaire ; il leva le voile qui doit toujours couvrir tout ce que l'on peut dire et tout ce que l'on peut croire du droit des peuples et des rois qui ne s'accordent jamais mieux ensemble que dans le silence. »

Vers la même époque, le parlement d'Angleterre faisait une révolution : bien qu'il n'y eût entre les deux assemblées que similitude de nom, le parlement de France, corps purement judiciaire, se crut appelé à donner au royaume une nouvelle constitution, en vertu de laquelle il aurait joué le rôle dévolu jadis aux états. Ses idées se traduisirent par la célèbre déclaration du 24 octobre 1648, qui peut être regardée comme la dernière expression de la résistance au pouvoir monarchique absolu, avant son établissement définitif.

Quoique agissant au nom du peuple, l'assemblée songea surtout à ses propres intérêts : par exemple, le peuple ne devait rien gagner à la restauration des innombrables charges financières que l'administration des intendants avait remplacées. Cependant, il y avait d'excellentes réformes dans la déclaration des cours souveraines : les principales étaient le droit de veto donné aux assemblées contre les lois d'impôts, et la clause de garantie par laquelle aucun sujet du roi ne pouvait rester en prison plus de vingt-quatre heures sans être interrogé.

On ne saurait se défendre d'un vif intérêt pour cette tentative que fit le parlement de donner à la France une constitution régulière. Si la royauté vaincue avait accepté définitivement et sans arrière-pensée les conditions dictées par la chambre de Saint-Louis, la France avait dès lors, semble-t-il, un gouvernement analogue à celui de l'Angleterre, c'est-à-dire une monarchie tempérée par une assemblée politique.

Mais la complexité de ce gouvernement au mécanisme délicat ne convenait pas à la logique de l'esprit français, toujours amoureux, et même jusqu'à l'excès, de simplicité et d'unité : les destinées de la France voulaient d'ailleurs qu'elle cherchât cette unité et cette simplicité dans la monarchie absolue avant de la demander au gouvernement démocratique.

Au reste, on peut se demander si la cause de la liberté eût réellement triomphé par la transformation du parlement en corps politique. Cette assemblée n'était pas de taille à jouer le rôle dont elle avait pris un moment la responsabilité ; la vénalité des charges aurait toujours été pour ses membres une tache originelle ; enfin, l'esprit parlementaire était au fond égoïste et rétrograde. D'ailleurs, l'analogie n'est qu'apparente entre la constitution anglaise et celle que la chambre de Saint-Louis voulait établir chez nous : le parlement, corps héréditaire et non électif, ne pouvait être qu'une représentation tout artificielle du peuple.

Quelque sympathie que l'on puisse donc ressentir pour certaines réformes dont cette assemblée prit l'initiative, il n'est pas à regretter qu'elle n'ait pas pu réaliser ses projets, c'est-à-dire constituer à son profit un gouvernement pseudo-représentatif, une sorte de monarchie bâtarde où les formes de la royauté et de la démocratie se seraient mutuellement défigurées sans aucun avantage pour le peuple. Ce dernier, qui, comme nous l'avons dit, avait renoncé pour toujours aux états généraux, eût couru à une déception nouvelle, s'il avait compté sur le parlement pour représenter ses intérêts et pour défendre ses droits, juste au moment où la vénalité et l'hérédité des charges venaient de rendre cette assemblée moins digne et moins capable de présider à l'établissement d'un gouvernement libre. Il se laissa d'abord entraîner ; mais il ne tarda pas à revenir de ses illusions. Au reste, la Fronde des seigneurs se substitua bientôt à la Fronde parlementaire. L'opinion ne pouvait manquer de revenir à la royauté, quand elle vit les nouveaux chefs du mouvement ne consulter que leur intérêt et celui de leur classe. Un instant rallié par Gondi à la jeune Fronde, le parlement lui-même s'en sépara presque aussitôt, et ce fut lui qui supplia la reine-mère de rentrer à Paris. Dix ans après, Louis XIV inaugurait son règne en prononçant dans le sein de l'assemblée la fameuse déclaration qui mettait à néant toute prétention politique du corps judiciaire, et ouvrait une ère nouvelle à la monarchie purement absolue.

Au mouvement de la Fronde, nous devons rattacher les *Mémoires* du cardinal de Retz, le plus grand esprit ou même le seul esprit supérieur qui y ait pris part. Retz, qui ne fut qu'un chef de parti, a pourtant des vues politiques fort élevées. S'il sacrifia trop à ses intérêts personnels ou à ses passions, il vit avec une pénétration remarquable quel était le programme des réformes à accomplir; et, en lisant les *Mémoires*, on ne peut s'empêcher de reconnaître la grandeur de ces conceptions. En effet, quoique son livre soit en général celui « d'un aventurier et d'un téméraire » comme Richelieu l'appelait, on y trouve pourtant un certain nombre de pages où il touche à la politique générale avec une hauteur et une fermeté dignes de Machiavel et de Montesquieu. Là, Retz est, en plein XVIIe siècle, un héritier des Hotman et des Languet. Lui aussi cherche à montrer que le gouvernement despotique n'était point autrefois celui du royaume. « Il y a plus de 1200 ans, dit-il, que la France a des rois, mais ces rois n'ont pas toujours été absolus au point qu'ils le sont. » Et il le prouve dans un rapide et brillant tableau de notre histoire politique. Au reste « l'enregistrement des traités faits entre les couronnes, la vérification des édits pour levée d'argent, sont encore des images effacées du sage milieu que nos pères avaient trouvé entre la licence des rois et le libertinage des peuples ». Le despotisme de la royauté s'est substitué à ce régime des siècles passés, et la pensée fondamentale de Retz et de la Fronde, c'est qu'il faut revenir au sage et juste milieu de l'ancienne monarchie, et rétablir l'équilibre entre les peuples et les rois. L'auteur des *Mémoires* ne fonde point, comme Languet, la politique sur des principes de droit abstraits, mais il ne combat pas le pouvoir absolu avec moins de vivacité et d'éloquence.

Nous avons dit comment le mouvement de la Fronde avait fini par aboutir au triomphe de la royauté, qui vit bientôt se rallier à elle les plus ardents des anciens frondeurs. Avant d'aborder l'examen des deux ouvrages où se trouve empreint dans toute sa majesté l'esprit religieux et monarchique du XVIIe siècle, il nous faut pourtant dire quelques mots d'un profond penseur qui, sans être un écrivain politique, porta dans l'examen des problèmes sociaux le scepticisme le plus hardi : c'est de Pascal qu'il est question. Au premier abord, on peut se demander s'il faut placer l'auteur des *Pensées* parmi les adversaires ou les défenseurs du régime établi ; il en fut le défenseur, dans ce sens qu'il conclut toujours à le conserver, par crainte d'un régime pire ; il en fut l'adversaire, parce qu'il ruina tous les principes sur lesquels la monarchie s'appuyait. Or, comme la vigueur de ses attaques dépasse de beaucoup l'autorité de ses conclusions, nous devons le ranger parmi les héritiers des réformateurs politiques du XVIe siècle, bien qu'il n'ait jamais eu la prétention de rien réformer. Au reste, il appartient au jansénisme, et le jansénisme, « hostile en apparence à tout instinct de liberté, fut, par les luttes qu'il amena entre l'autorité et la conscience, l'un des ressorts moraux de la résistance contre le pouvoir absolu. Cette doctrine, liée aux efforts successifs de l'opposition parlementaire, servit d'aliment à l'esprit d'indépendance jusqu'au milieu du XVIIIe siècle où cet esprit fut transporté dans la sphère philosophique[1]. » Non seulement Pascal est l'héritier du siècle précédent, mais encore c'est un précurseur du siècle prochain.

Descartes, le maître de Pascal, si hardi en philosophie, semblait devoir porter dans la politique la logique inflexible qui le caractérise : mais il se défend de franchir les limites de ce domaine et professe pour les lois et les institutions de son pays un respect qui lui interdit même de les soumettre à l'examen. Pascal, nous l'avons dit, est bien loin, lui aussi, de vouloir changer quelque chose à l'ordre établi ; mais toutefois sa critique audacieuse ne s'arrête pas, comme celle de Descartes, devant le seuil de la politique, et, qu'il le veuille ou non, elle ébranle les bases de l'édifice social.

D'après lui, la société n'est fondée que sur des conventions protégées par la force. La force est la reine du monde. On appelle juste ce qu'il est force d'obéir : ne pouvant faire que ce qui est juste fût fort, on a fait que ce qui est fort fût juste. Dans les lois, « la coutume fait toute l'équité » ; « comme la mode fait l'agrément, aussi fait-elle la justice » : le droit de propriété est une institution qui a son origine dans la force et que la force seule maintient ; l'hérédité n'est fondée que sur la volonté du législateur, et non sur la loi naturelle. Dans le gouvernement, l'autorité royale a pour

1. Augustin Thierry.

base la folie du peuple ; au reste, toute autorité n'est qu'une usurpation.

Ces institutions politiques et sociales, pour lesquelles il professe tant de mépris, Pascal les défend pourtant : d'après lui, on ne saurait en trouver de meilleures, la justice n'étant pas de ce monde ; et voilà comment il condamne la Fronde « qui a élevé sa prétendue justice contre la force, » et soutient l'hérédité monarchique « parce que le mal à craindre d'un sot qui succède par droit de naissance n'est ni si grand ni si sûr que celui des guerres civiles». « L'usurpation est devenue raison ; il faut la faire regarder comme authentique, éternelle, et en cacher le commencement, si on ne veut qu'elle prenne bientôt fin. » D'ailleurs, Pascal sort du scepticisme pour entrer dans le mysticisme, et c'est le scepticisme même qui le conduit au Dieu révélé. Or, une fois chrétien, il défend l'ordre établi en vertu de ce principe qu'il a été établi par Dieu, ou tout au moins que Dieu l'a laissé s'établir. On voit donc que, comme nous l'avons dit, l'auteur des *Pensées* n'est rien moins qu'un révolutionnaire : il renverse tout, mais pour tout reconstruire.

Cependant, quelle qu'ait été sa conclusion personnelle, on peut dire que son influence s'exerça bien plus activement dans le sens du scepticisme : il montra bien plus de puissance pour détruire que pour restaurer, et beaucoup refusèrent d'entrer avec lui dans le nouvel édifice qu'il rebâtissait de toutes pièces, avec les ruines mêmes de l'ancien. Voilà pourquoi nous avons associé l'auteur des *Pensées* au mouvement révolutionnaire du XVIe siècle ; et voilà pourquoi le XVIIIe siècle l'invoquera souvent comme un de ses précurseurs.

CHAPITRE VI

L'ABSOLUTISME ROYAL. — BOSSUET. — LOUIS XIV ET SES MÉMOIRES.

Nous avons vu dans le chapitre précédent comment les institutions monarchiques s'étaient définitivement affermies pendant toute la première partie du XVIIe siècle ; la Fronde a marqué les dernières résistances de la bourgeoisie et de la noblesse : désormais la royauté n'a plus devant elle aucun obstacle, et la France tout entière semble graviter autour d'un seul homme, qui peut prendre le soleil pour emblème de sa puissance. L'idée monarchique, parvenue dès lors à sa pleine apogée, se manifeste et s'empreint dans tous les monuments qui nous restent de cette époque : elle trouve son expression la plus haute et la plus complète dans la *Politique* de Bossuet et dans les *Mémoires et instructions* de Louis XIV lui-même.

Si l'on veut juger Pascal par ses maximes conservatrices et non par son esprit révolutionnaire, il y a pourtant une grande différence entre lui et Bossuet. Le premier méprise l'ordre social qu'il justifie ; le second, au contraire, est plein de respect pour les institutions dont il se fait l'apologiste. En abordant son ouvrage, nous sentons sous nos pas comme un terrain nouveau : la société s'est fortement assise, et l'on peut croire que l'avenir ressemblera perpétuellement au présent; tout conspire d'ailleurs en faveur de la royauté, et, parmi les principes que, dans la suite de notre histoire, nous avons vus sans cesse aux prises, il n'en est aucun qui ne lui apporte un nouvel élément de force : les théories féodales tendent à faire du roi le propriétaire de la France et de tous les Français, les théories romaines à montrer en lui l'unique et perpétuel représentant de la nation, les théories catholiques à l'instituer comme lieutenant de Dieu sur la terre. Quant aux idées libérales dont la réforme s'était faite l'organe, elles ont triomphé en Hollande, et ne tarderont pas à remporter la victoire en Angleterre; mais, chez nous, elles paraissent n'avoir laissé aucune trace ni dans les institutions, ni même dans les esprits. « La France, qui était au siècle précédent l'école de la démocratie moderne, semble avoir entièrement désappris les hardies doctrines de la Boétie et de Languet. Fatiguée des terribles commotions suscitées par le conflit des consciences, oublieuse même des vieilles traditions aristocratiques et parlementaires, elle adopte, avec une foi sincère et qui n'est pas sans grandeur, le principe du pouvoir absolu relevé par l'idée religieuse et le principe du droit divin. Bossuet est l'apôtre de cette foi monarchique, qu'on ne doit pas confondre sans doute avec un servilisme grossier, quoiqu'elle puisse conduire aux mêmes conséquences.[1] »

1. Paul Janet. *Histoire de la Philosophie politique.*

La *Politique tirée des propres paroles de l'Écriture Sainte* se divise en dix livres.

Le livre premier traite de la société parmi les hommes. Bossuet montre que l'homme est né sociable. « L'amour de Dieu oblige les hommes à s'aimer les uns les autres ; ils sont frères comme enfants de Dieu. » On le voit, la fraternité dont il est ici question est purement religieuse. Au reste, il suffit de le dire une fois pour toutes, la politique pour Bossuet n'est qu'une partie de la théologie. — Cependant, la société humaine, dès le commencement des choses, s'est divisée en plusieurs branches : diverses nations se sont formées. Il a fallu bientôt instituer le gouvernement, car c'est la seule autorité du gouvernement qui peut mettre un frein aux passions et à la violence, et établir l'union parmi les hommes. Cette union, suivant Bossuet, a lieu lorsque « chacun renonçant à sa volonté la transporte et la réunit à celle du prince ». Tout droit vient de l'autorité publique. Bossuet est d'ailleurs logique avec lui-même : à ses yeux, avant l'institution du gouvernement, il n'y a qu'une multitude en proie à la violence de passions sans frein, et indigne du nom de peuple. Ne lui dites pas que cette multitude est dès lors souveraine : à ses yeux, l'idée même de souveraineté implique celle d'un certain ordre qui n'existe pas encore, puisque tout est abandonné à la confusion. Le gouvernement commence à paraître lorsque la multitude se soumet à un chef, qui devient le souverain. Bossuet ne conçoit l'unité d'un peuple que dans le roi : avant l'institution de la monarchie, le peuple est pour lui une collection d'individus en lutte les uns contre les autres, sans qu'aucune règle puisse être dégagée d'un pareil chaos ; la souveraineté prend justement naissance au moment où la nation l'abdique en établissant un chef en qui elle résidera. Alors seulement l'état social pourra être réglé par des lois. « Selon le droit primitif de la nature, nul n'a de droit particulier sur quoi que ce soit, et tout est en proie à tous. » Moïse, après la conquête de Chanaan, ordonne que la terre soit partagée entre le peuple : de là est né le droit de propriété. — Il est difficile de ne pas remarquer ici la parenté de ces théories avec celles que nous étudierons bientôt dans le *Contrat social :* comme Bossuet, Rousseau fonde le pacte constitutif de la société sur l'aliénation des volontés individuelles et cherche l'origine du droit dans la légalité. Les conclusions sont opposées, puisque l'un donne tout au prince et l'autre au peuple ; mais les principes et la méthode sont les mêmes. — Sans doute Bossuet reconnaît que, l'autorité souveraine une fois remise au roi, il faut établir des règles générales de conduite afin que le gouvernement soit constant et uniforme, et ces règles, qu'on appelle lois, il les fonde sur la première de toutes les lois, celle de la nature ; mais nous avons déjà vu comment il comprend et dans quelle limite il restreint le droit naturel ; au fond, l'autorité du monarque est pour lui supérieure à celle de la loi.

Dans le livre II, intitulé *De l'autorité*, Bossuet montre que Dieu a tout d'abord exercé lui-même l'empire parmi les hommes, puisque le premier gouvernement humain fut le gouvernement paternel. Ainsi que Bodin, il assigne la force comme origine à l'établissement des premiers royaumes ; mais il reconnaît aussi que certaines monarchies se sont fondées par le consentement des peuples, et il cite l'exemple d'Abimélech que ceux de Sichem mettent volontairement à leur tête. Si le pouvoir monarchique est basé sur la force, pourrait-on lui répondre, il est condamné à se maintenir par la force et à tomber dès le moment que la force lui manquera; si au contraire il s'est établi sur le consentement populaire, on ne s'explique guère que le peuple ait créé des rois sans leur imposer certaines conditions et sans stipuler pour lui-même des garanties déterminées. — Bossuet reconnaît qu'il y a, outre la royauté, d'autres formes légitimes de gouvernement ; il avoue même qu'au commencement les Israélites vivaient en république ; mais, ajoute-t-il aussitôt, cette république avait Dieu pour roi. L'état monarchique est le plus commun, le plus ancien et le plus naturel. D'après Bossuet, « les hommes naissent tous sujets, » comme les enfants naissent tous soumis à leur père. Cette subordination du fils au père, que tant de raisons naturelles nécessitent dans les premières années, et qui se transforme avec la majorité en déférence volontaire, il ne sait pas la distinguer d'avec la soumission du sujet au roi, soumission que nul motif de même ordre ne peut justifier en aucun temps, et qui conserve toujours son caractère obligatoire. Poursuivant son apologie du gouvernement monarchique, Bossuet prouve qu'il est encore le plus durable, le plus fort, le plus opposé à la division : il en cherche le type dans le commandement des armées, qui exige l'unité, et semble ainsi constituer la société tout entière sur l'état de guerre. Il montre ensuite que, de toutes les formes monarchiques, la meilleure est la monarchie héréditaire, et, comme Bodin, il glorifie les institutions de la France contemporaine.

La nature et les propriétés de l'autorité royale font le sujet principal des chapitres suivants. 1° L'autorité royale est sacrée : « les princes agissent comme ministres de Dieu et ses lieutenants sur la terre ; le trône royal n'est pas le trône d'un homme, mais le trône de Dieu même. » Aussi la personne du roi a-t-elle un caractère divin qui impose l'obéissance au nom même de la religion. 2° L'autorité royale est paternelle. Nous avons déjà vu par suite de quelle confusion Bossuet fonde le gouvernement politique sur la famille. 3° L'autorité royale est absolue. Le prince ne doit rendre compte à personne de ce qu'il ordonne ; lorsque le prince a jugé, il n'y a pas d'autre jugement ; « le prince peut se redresser lui-même quand il connaît qu'il a mal fait, mais contre son autorité il ne peut y avoir de remède que dans son autorité ; » point de force coactive contre lui : « les rois sont sans doute soumis comme les autres à l'équité des lois, mais ils ne sont pas soumis aux peines des lois, » c'est-à-dire, comme Bossuet l'explique lui-même, que, s'ils sont assujettis aux lois, ils le sont seulement par la droiture de leur volonté ; c'est une obligation toute morale et d'autant plus dérisoire que les lois elles-mêmes sont faites par eux. Contre les princes qui violent la loi, le sujet n'a nul recours. Il faut se rappeler ces principes en lisant le livre V, où se trouve expliqué le quatrième caractère de l'autorité royale. 4° L'autorité royale est soumise à la raison. Sans doute, Bossuet se fait un idéal fort élevé des devoirs du prince ; mais ceux-là mêmes que les princes sont tenus de remplir envers leurs sujets les lient seulement vis-à-vis de Dieu et de leur propre conscience. Ils ont de grands devoirs à accomplir, mais ils peuvent ne pas les accomplir; de même, les sujets ont tout à espérer de leur roi, mais ils sont dans le cas de n'en rien obtenir, ils n'ont pas le droit d'en rien exiger. — Après avoir indiqué les marques de l'autorité royale, Bossuet exalté la majesté du prince. « Le prince, en tant que prince, n'est pas regardé comme un homme particulier : tout l'État est en lui; la volonté de tout le peuple est renfermée dans la sienne. Comme en Dieu est réunie toute perfection et toute vertu, ainsi toute la puissance des particuliers est réunie dans la personne du prince. » Et plus loin: « Considérez le prince dans son cabinet : de là partent les ordres qui font aller de concert les magistrats et les capitaines, les citoyens et les soldats, les provinces et les armées par mer et par terre. C'est l'image de Dieu, qui, assis dans son trône au plus haut des cieux, fait aller toute la nature. » Bossuet a beau jeu pour conclure en déclarant que toutes grandes vertus conviennent à la majesté royale. Sans doute; il faut même lui savoir gré d'avoir élevé si haut les devoirs du prince; puisqu'il s'établit tout d'abord sur les principes de la monarchie absolue, il ne pouvait présenter au monarque un plus bel idéal. Mais ce portrait qu'il nous trace n'a rien de commun avec la réalité. Attribuant au prince une puissance toute divine, il se croit obligé de lui demander les perfections d'un dieu; malheureusement ces perfections ne sont pas inséparables de la majesté royale: lui-même la considère comme je ne sais quel prestige attaché au titre de roi, et non comme le reflet des vertus que le roi pratique pour le bonheur de son peuple. La puissance d'un dieu restera encore au prince, alors que le prince sera le dernier des hommes.

Dans le livre VI, Bossuet examine les devoirs du sujet envers le roi. Le peuple doit au souverain les mêmes services qu'à la patrie; les sujets doivent servir l'État comme le prince l'entend, car autrement ils s'attribueraient une partie de l'autorité royale: l'intérêt du prince et celui de l'État sont confondus aux yeux de tout bon sujet. L'obéissance du peuple doit être entière et sans exception, hors dans le cas où le prince commande quelque chose contre la loi de Dieu ; encore la résistance ne peut-elle jamais être que passive. L'impiété déclarée chez le souverain, et même la persécution, n'exemptent pas les sujets de l'obéissance ; les sujets ne peuvent opposer à la violence des princes que des remontrances respectueuses et sans murmure.

Les livres VII et VIII sont consacrés aux deux devoirs particuliers de la royauté. Le premier traite tout entier des devoirs du prince envers la religion. Nous y trouvons formellement exprimées les maximes les plus contraires à la tolérance et à la liberté de conscience, dont les principes commençaient à s'établir vers la fin du XVIe siècle : il y a là un recul manifeste ; d'ailleurs on ne pouvait mieux attendre du prélat qui jugeait la révocation de l'édit de Nantes comme le miracle du siècle et qui chantait le *Te Deum* sur les dragonnades. La 9e proposition du livre montre que le prince doit employer son autorité pour détruire dans son État les fausses religions : nous sommes loin des l'Hôpital et des Bodin. Sans doute, Bossuet reconnaît qu'il ne faut en venir aux rigueurs que dans l'extrémité, surtout aux dernières ; mais il déclare hautement « qu'on peut employer la violence contre les observateurs des fausses religions ; » « le prince est ministre de Dieu : ce n'est pas en vain qu'il porte l'épée ». « Ceux qui ne veulent pas souffrir que le prince use de rigueur en matière de religion parce que la religion doit être libre, sont dans une erreur impie; autrement, il faudrait souffrir dans tous les sujets et dans tout l'État l'idolâtrie, le mahométisne, le judaïsme, toute fausse religion, le blasphème, l'athéisme même, et les plus grands crimes seraient impunis. » Ces conséquences épouvantent Bossuet : son intelligence est fermée à toute idée de tolérance, et, ne sachant pas distinguer le temporel du spirituel, il considère l'hérésie comme un crime que l'État doit punir au nom de la religion : aussi rappelle-t-il au prince la formule du serment qu'il prête en montant sur le trône et par lequel il s'engage à « exterminer de bonne foi, selon son pouvoir, tous hérétiques notés et condamnés par l'Église ».

La justice (livre VIII) est le second devoir particulier de la royauté. D'après Bossuet la justice est établie sur la religion : elle appartient à Dieu, qui la donne au roi. Malgré tout ce qu'il accorde au prince, l'auteur de la *Politique* distingue la monarchie arbitraire de la monarchie absolue. Dans les monarchies arbitraires les peuples sujets sont nés esclaves ; on n'y possède rien en propre ; le souverain dispose de la vie de ses sujets comme de leurs biens ; enfin il n'y a de loi que sa volonté. Quant au gouvernement absolu, il est tel « par rapport à la contrainte, n'y ayant aucune puissance capable de forcer le souverain, qui en ce sens est indépendant de toute autorité humaine » ; mais il y a cette différence entre les deux formes de monarchies, que, dans la monarchie légitime, les personnes sont libres, la propriété des biens inviolable, les biens et les personnes placés sous la garantie de certaines lois « contre lesquelles tout ce qui se fait est de nul droit ». — Cette distinction entre l'absolu et l'arbitraire, nous l'avons vu plus haut s'établir sous d'autres noms, et les objections qu'elle soulève ont déjà été signalées : d'abord, il n'y a guère de gouvernement vraiment arbitraire, comme Bossuet l'entend ; le despotisme musulman est lui-même limité par le Coran ; ensuite, dans le gouvernement absolu, tel qu'il est défini ci-dessus, les droits reconnus au sujet sont subordonnés à la volonté du prince, et, en fait, personne n'a qualité pour obliger le prince à les respecter. Si donc le pouvoir du souverain, dans la monarchie arbitraire, est en réalité soumis à certaines lois fondamentales, et si, dans la monarchie absolue, il peut s'élever au-dessus des lois mêmes que l'on invoquait pour le discerner de l'autre, on voit combien la distinction de Bossuet est peu fondée : la limite qu'il marque entre les deux formes de gouvernement n'est jamais atteinte par ce qu'il appelle le pouvoir arbitraire et peut toujours être dépassée par ce qu'il nomme le pouvoir absolu.

Telle est, dans ses principes généraux, la politique que Bossuet tire de l'Écriture sainte : nous ne faisons que mentionner les deux derniers chapitres qui traitent des moyens d'action de la royauté, armée, finances, conseils, etc. Il nous suffit d'avoir résumé à grands traits le code même de la monarchie absolue, à laquelle le gouverneur du Dauphin élève un monument digne d'elle.

Bossuet accomplit en France la même œuvre que Hobbes venait d'accomplir en Angleterre : tous deux font l'apologie de la royauté despotique. Il ne faut pourtant pas méconnaître la supériorité des principes sur lesquels Bossuet s'appuie : Hobbes partait de cette vue générale que la guerre est l'état de nature, que le plus fort l'emporte, et que sa victoire, étant naturelle, est légitime ;d'après lui le droit de la nature est celui de la force ; il régna dans les sociétés primitives jusqu'au moment où les hommes, poussés par leur intérêt, songèrent à instituer un ordre qui leur garantît la paix, et établirent le gouvernement d'un seul, auquel ils donnaient la plus grande force possible pour qu'il pût les garantir efficacement contre tout retour à l'état de nature. Si telle est, dans sa simplicité, la théorie de Hobbes, celle de Bossuet se fonde sur des idées plus hautes : il fait appel à la raison, à la conscience et à la religion pour limiter l'autorité royale ; il insiste fortement sur les devoirs du prince, et condamne le gouvernement arbitraire comme « contraire à l'humanité et à la société ». Sans doute, nous avons vu que ses efforts sont vains pour distinguer entre la royauté légitime et le pouvoir de la force érigé en droit monarchique : sa théorie politique aboutit en fin de compte au pur despotisme d'un souverain, moralement soumis à certaines lois, mais engagé seulement envers Dieu et libre de toute obligation directe envers son peuple, comme son peuple est dépourvu de tout moyen d'action contre lui. Cependant, quelles que soient les conséquences de ses principes, il faut lui tenir compte d'en avoir méconnu lui-même l'application logique en cherchant encore quelque tempérament dans le domaine de l'absolu. Louis XIV ira plus loin que Bossuet, soit dans ses actes, soit dans sa théorie du gouvernement monarchique.

Le grand roi prit part lui aussi à l'éducation du Dauphin, et il a laissé des *Mémoires* où nous trouvons ses idées et ses vues personnelles sur la royauté. Ce sont en général les mêmes que celles de Bossuet. Bossuet et Louis XIV étaient faits pour s'entendre : tous les deux avaient au plus haut degré le sens de l'unité monarchique et religieuse. On pourrait aussi bien attribuer à l'évêque cette définition du gouvernement de la France que nous trouvons dans les mémoires du roi : « la France est un État monarchique dans toute l'étendue de l'expression ; le roi y représente la nation entière, et chaque particulier ne représente qu'un seul individu envers le roi ; par conséquent, toute puissance, toute autorité résident dans les mains du roi, et il ne peut y en avoir d'autres dans son royaume que celles qu'il établit ; la nation ne fait pas corps en France ; elle réside tout entière dans la personne du roi. »

Aux yeux de Louis XIV comme à ceux de Bossuet, les rois « sont les délégués sacrés et spéciaux de Dieu qui les inspire et leur donne toujours les lumières nécessaires tant qu'ils ont de bonnes intentions » : ils ne sont tenus que par la religion et par le sentiment de leur devoir.

Il y a cependant une distinction importante à faire entre l'auteur de la *Politique* et celui des *Mémoires :* Louis XIV, en vertu du principe féodal qui faisait dépendre la propriété de la souveraineté, se croit le propriétaire légitime de tous les biens détenus par ses sujets. « Tout ce qui se trouve dans l'étendue de nos États, de quelque nature qu'il soit, nous appartient au même titre, et les deniers qui sont dans notre cassette, et ceux qui demeurent entre les mains de nos trésoriers, et ceux que nous laissons dans le commerce de nos peuples. Les rois sont seigneurs absolus et ont naturellement la disposition pleine et libre de tous les biens qui sont possédés aussi bien par les gens d'église que par les séculiers. »

Bossuet avait bien déclaré que le prince pouvait lever l'impôt à son gré, ce qui aboutit en somme au même résultat : toutefois, au risque d'être en contradiction avec lui-même, il n'avait jamais admis que les rois ne fussent pas tenus de respecter la propriété individuelle, et c'est même dans cette obligation du prince qu'il trouvait la différence capitale entre les deux formes de monarchie, la monarchie absolue et la monarchie arbitraire. Louis XIV nous fait franchir la limite de l'une à l'autre : ce despotisme des monarques orientaux que Bodin repoussait avec tant d'énergie, que Bossuet lui-même fait effort pour exclure de ses principes, il en revendique les plus monstrueuses attributions avec une imperturbable confiance dans son droit. On rapporte que le voyageur Bernier, au retour d'une de ses excursions en Orient, fut « questionné avec soin par les ministres de Louis XIV sur l'état de la propriété dans l'Égypte, la Perse et le Mogol. Bernier vit bien qu'on avait l'idée d'imposer à la France le même régime en déclarant le roi unique propriétaire des terres : aussi s'attacha-t-il à montrer les mauvais effets que produisait l'organisation de la propriété chez les Orientaux. » La déclaration ne fut pas promulguée ; mais on pourrait citer tel acte du gouvernement de Louis XIV comme la conséquence directe du principe qu'elle devait proclamer.

De même que Bossuet imposait de grands devoirs au prince, responsable vis-à-vis de Dieu et de sa conscience, Louis XIV, lui aussi, s'était fait une haute idée du « métier de roi ». On sait que, pendant trente années, il travailla régulièrement huit heures par jour; lui-même dans ses *Instructions* recommande à son fils de bien se souvenir que « c'est par le travail qu'on règne, qu'il y a de l'ingratitude et de l'audace à l'égard de Dieu, de l'injustice et de la tyrannie à l'égard des hommes, de vouloir l'un sans l'autre ». Dans ses réflexions sur l'exercice de la royauté, il développe de fort belles maximes; dans son mémoire au duc d'Anjou devenu roi d'Espagne: «Déclarez-vous en toute occasion, lui dit-il, pour la vertu et contre le vice; faites le bonheur de vos sujets, et, dans cette vue, n'ayez de guerre que quand vous y serez forcé; c'est à vous de décider, mais écoutez toujours les avis et tous les raisonnements de votre conseil;» ailleurs, il expose dignement les devoirs du roi envers ses sujets: « Nos sujets sont nos véritables richesses. Si Dieu me fait la grâce d'exécuter tout ce que j'ai dans l'esprit, je tâcherai de porter la félicité de mon règne jusqu'à faire en sorte... qu'on ne voie plus dans le royaume ni indigence ni mendicité, je veux dire personne, quelque misérable qu'il puisse être, qui ne soit assuré de sa subsistance, ou par son travail ou par un secours ordinaire et réglé. » On le voit, les doctrines despotiques de Louis XIV étaient tempérées dans son esprit par le sentiment qu'il avait de ses obligations. Mais, comme il le dit lui-même, « quand on fait tout ce que l'on veut, il n'est pas aisé de vouloir que ce que l'on doit » ; et un peu au-dessus: « Les princes, se voyant élevés au-dessus des règles ordinaires, ont besoin de plus de force et de plus de raison que les autres pour s'imposer eux-mêmes de nouvelles lois. »

Cette force, cette raison, manquèrent de plus en plus à Louis XIV ; son orgueil, son égoïsme, ses passions de toute sorte, l'entraînèrent de plus en plus à violer tous les principes qu'il avait indiqués lui-même à son fils comme tempéraments du pouvoir arbitraire. On connaît ses fautes ; on sait comment sa politique funeste précipita la France dans la misère et dans la ruine. L'apogée de la monarchie absolue n'eut pas une longue durée : sans doute, la royauté subsistera encore plus d'un demi-siècle après la mort de son plus illustre représentant, en vertu de la force acquise et des traditions héréditaires : mais, dès les dernières années de Louis XIV, on peut prévoir l'avènement d'un esprit nouveau.

Le pouvoir personnel du grand roi avait d'abord été populaire, et nous avons dit comment toutes les classes de la nation l'accueillirent avec enthousiasme : on sait aussi que, cinquante ans après, la mort de Louis XIV provoqua une explosion de joie. La mort du vieux monarque, c'était à bref délai celle de la monarchie, telle qu'il l'avait conçue et exercée. Cette monarchie absolue, édifice grandiose et majestueux, s'était lentement construite depuis un grand nombre de siècles, pièce à pièce et assise par assise ; et voilà maintenant qu'à peine couronné, le nouvel édifice menace déjà ruine. La France, concevant d'abord son unité sous la forme monarchique, « avait sacrifié avec une logique téméraire toutes ses vieilles institutions à l'agrandissement d'une seule ; elle avait laissé abattre l'indépendance des classes d'hommes et des territoires, les droits des provinces et des villes, le pouvoir des états généraux et les prétentions politiques du parlement, pour se trouver en face de l'unité royale [1] , » ce rêve de plusieurs

1. Augustin Thierry.

siècles. Le rêve, une fois qu'il s'est réalisé, ne laisse après lui qu'une immense déception et un dégoût universel : dès que la France eut connu par l'exemple de Louis XIV les résultats du gouvernement personnel, elle n'abandonna pas sa conception de l'unité, mais elle en changea la forme, et au lieu de l'unité monarchique fondée sur l'autorité d'un seul, elle aspira à l'unité nationale, fondée sur la souveraineté populaire.

CHAPITRE VII

TRANSITION AU XVIIIe SIÈCLE. — FÉNELON. — L'ABBÉ DE SAINT-PIERRE. — D'ARGENSON. — BOULAINVILLIERS.

Dès les dernières années du XVIIe siècle, l'esprit du XVIIIe se fait sentir : entre Bossuet et Montesquieu s'étend une période de transition pendant laquelle le mécontentement du présent engendre à la fois un retour malheureux vers le passé et un pressentiment bien confus encore de l'avenir : les idées novatrices et rétrogrades se confondent pour aboutir à des conceptions hybrides, soit à une sorte d'aristocratie populaire, comme chez Fénelon et Boulainvilliers, soit à je ne sais quelle monarchie démocratique comme chez d'Argenson.

Bossuet était avant tout un conservateur, ennemi de toute nouveauté, hostile et réfractaire à toute idée de progrès. La politique était pour lui aussi immobile que la religion, et il l'immobilisait sur les bases de la monarchie absolue, dont il fut le théoricien. Tout autre est, on le sait, l'esprit de Fénelon, aussi amoureux des innovations que son adversaire était dévoué à l'ordre établi. En étudiant ses vues et ses projets de réforme, nous allons voir qu'ils justifient trop souvent le mot bien connu de Louis XIV[1], pour qui toute nouveauté ne pouvait être que chimère. Les idées du réformateur sont parfois aussi justes que neuves, et il faut lui savoir gré de n'avoir pas cru comme Bossuet que tout était pour le mieux dans le meilleur des gouvernements possibles ; mais le faux s'y mêle constamment au vrai, et, si, dans le détail, ses vues dénotent souvent un esprit supérieur à son époque et une intelligence pénétrante de l'avenir, il en compromet presque toujours la justesse en les associant à des aspirations rétrogrades ou à des conceptions utopiques.

Éducateur du petit-fils de Louis XIV, comme Bossuet l'avait été du grand dauphin, il y a dans les ouvrages de Fénelon une théorie à peu près complète du gouvernement et de la société. Nous remarquons d'abord que les deux prélats s'appuient généralement sur les mêmes principes : comme Bossuet, Fénelon admet que les rois sont d'institution divine, que leur autorité est sacrée et que les peuples doivent toujours se soumettre ; pour lui, de même que pour Bossuet, l'état primitif de la société est le communisme, et le droit de propriété dérive de la loi ; il préfère enfin, toujours à l'exemple de son devancier, la forme monarchique à toutes les autres formes de gouvernement : au reste, c'est là le fond commun de toute théorie politique au XVIIe siècle. Mais Fénelon, en admettant ces principes, ne les croit pas incompatibles avec certaines réformes qui donneraient un caractère tout nouveau à la royauté ; il n'est pas disposé à

1. Louis XIV disait de Fénelon : C'est le plus bel esprit et le plus chimérique de mon royaume.

respecter comme un dogme toute institution établie, et, du domaine religieux où ses idées personnelles l'ont entraîné bien près de l'hérésie, il se transporte dans le domaine politique où l'esprit d'innovation peut se donner carrière sans encourir les foudres de Rome.

Le plan général de gouvernement qu'il expose dans ses divers écrits est le produit le plus singulier de l'esprit monarchique, dont toute la France était alors si fortement imbue, des tendances aristocratiques que Fénelon lui-même partageait avec les Beauvilliers, les Chevreuse et les Saint-Simon, enfin d'une sincère sympathie pour les intérêts populaires qu'il essayait de concilier avec les prérogatives de l'aristocratie et les droits de la royauté.

Dans ses *Dialogues des morts*, il s'élève avec force contre la monarchie arbitraire, « ce gouvernement barbare où il n'y a de lois que la volonté d'un seul homme ». Bossuet, lui aussi, comme nous l'avons vu, tâchait de distinguer la royauté absolue de la royauté seigneuriale. Mais Fénelon va plus loin : il ne conçoit point le roi comme l'image vivante de l'État, résumé dans sa personne ; il n'a pas pour idéal cette absorption de la nation tout entière dans un seul homme ; il cherche au contraire à tempérer le pouvoir royal par des institutions intermédiaires entre le roi et le peuple. Il ne se contente pas de rabattre l'orgueil des princes : le *Télémaque* abonde en maximes et en réflexions de toute sorte sur les funestes effets du gouvernement absolu, sur le devoir imposé au souverain de gouverner dans l'intérêt de ses sujets, etc. : mais nous avons vu Bossuet lui-même insister avec non moins de force sur les obligations du roi : ces obligations toutes morales ne suffisent pas à Fénelon, et il recherche pour le pouvoir royal des tempéraments plus efficaces qu'une religion dont le roi peut transgresser les règles, et qu'une conscience dont la voix peut ne pas être toujours obéie.

A côté de la monarchie, Fénelon veut instituer une hiérarchie aristocratique fortement organisée : la centralisation administrative doit être détruite, les intendants abolis, les ministères remplacés par des conseils. Au point de vue social, la séparation des divers ordres sera rendue plus complète ; les prérogatives du pouvoir seront toutes réservées à la haute noblesse, qui formera une espèce de Sénat héréditaire ; la petite noblesse aura pour elle les diverses charges ; quant au tiers état, il sera abaissé à son rang véritable, hors duquel l'a tiré un règne « de vile bourgeoisie [1] ». On le voit, dans ses tendances aristocratiques, Fénelon était en complet désaccord avec la logique de l'histoire ; les institutions qu'il voulait donner à la France, il les cherchait dans le passé, et, pour remédier aux vices de la royauté absolue, il ne trouvait rien de mieux que de remonter le cours des âges en retournant à une sorte de monarchie féodale : c'était méconnaître outrageusement les leçons de l'histoire et supprimer d'un seul coup l'œuvre de cinq siècles.

Nous avons dit que les intérêts populaires préoccupaient aussi Fénelon : dans les plans de gouvernement qu'il trace pour son royal élève, il va même, indiquant la composition des futurs états généraux, jusqu'à y admettre des députés du tiers ; mais c'est là une contradiction manifeste avec l'établissement d'une assemblée fixe et héréditaire,

1. Expression de Saint-Simon.

dont il fait, comme nous l'avons dit, la base de son système politique. Si nous parlons des droits que Fénelon accorde au peuple, ils se bornent à celui de voter les subsides extraordinaires. On sait que Bossuet reconnaissait au prince le pouvoir de lever des impôts à son gré ; Fénelon regarde aussi comme une prérogative inaliénable de la couronne le droit d'exiger les revenus nécessaires au soutien de l'État et de la royauté, et il n'admet pas que la nation puisse être juge de ces nécessités ; du moins, il essaie d'imposer des limites à l'arbitraire en distinguant entre les revenus annuels, réglés, destinés à des dépenses normales, et les subsides éventuels, imprévus, afférents à des besoins extraordinaires.

Quant au gouvernement, Fénelon en exclut complètement le peuple, et la raison qu'il donne de cette exclusion montre combien toute idée de démocratie répugnait à ses instincts : c'est que le peuple, une fois admis au pouvoir politique, ne tarderait pas à l'absorber tout entier. La sincère sympathie que Fénelon ressentait pour les classes populaires et dont sa lettre de 1693 témoigne avec tant d'éloquence, s'adressait à leur misère matérielle et non à leur privation de tout droit politique : ce qu'il faut, d'après lui, pour porter remède au mal, ce ne sont pas des réformes démocratiques, mais plutôt la haute protection du roi et de l'aristocratie. Fénelon en est encore au gouvernement paternel : le peuple est à ses yeux un enfant mineur, justement tenu en tutelle, sur lequel ses tuteurs doivent veiller avec soin, mais sans lui laisser rien faire par lui-même ; le peuple a des besoins à satisfaire, il n'a pas de droits à exercer.

D'ailleurs, dans la société telle que Fénelon la rêve, le

législateur a tout réglementé et assuré le bonheur de chacun : la misère n'y a plus de place. Chez les habitants de Salente, il faudrait de la mauvaise volonté pour ne pas se sentir heureux : l'auteur du *Télémaque* y supprime toute liberté, même celle du malheur. Dans le domaine du gouvernement, nous l'avons vu tout à l'heure sacrifier l'égalité de tous à la liberté d'un petit nombre ; mais il s'agissait uniquement de la liberté politique : quant à toutes les autres libertés, Fénelon n'en a nul souci, et les Salentins ne peuvent même pas s'habiller à leur guise. Mentor règle les habits, la nourriture, les meubles, la grandeur et l'ornement des maisons ; il divise les citoyens en sept classes et impose à chacune un costume différent, sans qu'aucun changement puisse jamais être introduit dans la couleur, la nature ou la coupe des étoffes. Qu'on ne dise pas que, pour Fénelon lui-même, la république de Salente est une véritable utopie ; non, le rêve de Fénelon, c'est la république de Bétique ; quant à celle des Salentins, elle représente pour lui l'idéal de la société, le type d'après lequel toute organisation sociale devrait se constituer.

Il n'est pas nécessaire d'insister sur les théories et les vues du réformateur pour montrer qu'elles sont inspirées à la fois par l'esprit rétrograde et par celui de la nouveauté ; mais les proportions ne sont pas égales, et même ce qui paraît nouveau n'est la plupart du temps qu'un retour vers les institutions antiques où Fénelon puisa ses idées socialistes, et vers les traditions du moyen âge, auxquelles se rattachent ses tendances tout aristocratiques : quant à ses sympathies pour les classes populaires, ce sont celles d'un chrétien et d'un prélat. L'influence du passé est toujours sensible chez lui, même dans ses vues les plus justes ou dans ses protestations les plus généreuses ; certes, il a raison, par exemple, de répudier les guerres de conquête : mais, encore abusé par les idées féodales, il ne s'élève point jusqu'au principe des nationalités libres, et part de ce point de vue tout gothique que les peuples sont le bien des souverains et que la conquête est criminelle, non pas comme une atteinte à la liberté des nations, mais comme un vol fait aux rois. Aussi, dans sa lettre de 1693, conseille-t-il à Louis XIV de rendre à l'Espagne des provinces toutes françaises.

Cependant il faut au moins louer Fénelon d'avoir été un des premiers à protester contre les folies et les crimes du pouvoir absolu, et à chercher une forme de gouvernement moins arbitraire. Il eut des émules et des disciples, et le groupe des réformateurs, parmi lesquels il est le plus illustre, a au moins préparé les voies à la philosophie politique du XVIIIe siècle.

Entre l'auteur du *Télémaque* et celui de *l'Esprit des lois*, nous trouvons un certain nombre d'esprits originaux et indépendants, qui, différents et souvent opposés par leurs principes et leurs tendances, s'accordent tous cependant pour chercher dans des réformes politiques et sociales le remède aux injustices et aux abus dont le régime contemporain les a rendus témoins. Les plus connus sont l'abbé de Saint-Pierre, d'Argenson et Boulainvilliers.

L'abbé de Saint-Pierre est le plus fécond des réformateurs ; ses idées, que Dubois appelait les rêves d'un homme de bien, sont souvent utiles et justes, et « il a eu le mérite de voir d'avance bien des choses qui depuis se sont réalisées.

ou dont la réalisation peut être espérée ». « C'eût été un homme très sage, dit de lui Jean-Jacques, qui avait annoté quelques-uns de ses écrits ; mais il avait la folie de la raison. » Touchant à tout, il n'a laissé nulle part de trace profonde ; ce n'est pourtant pas que ses projets fussent toujours si chimériques, c'est surtout que, suivant le mot de Rousseau, il négligeait de plaire au lecteur et ne craignait pas assez l'ennui. Pourtant on ne saurait nier que les conceptions ridicules ou enfantines ne se mêlent souvent chez lui aux vues les plus sensées et parfois les plus pratiques. Il suffit, pour s'en rendre compte, de lire le titre seul de quelques projets : *Projet pour rendre les chemins praticables en hiver ; Projet pour rendre les ducs et pairs utiles ; Moyen de rendre les sermons utiles*, etc. Nous ne parlerons ici que des plus importants : le scrutin perfectionné, la polysynodie, la paix perpétuelle.

La méthode de scrutin que proposait l'abbé de Saint-Pierre consistait en une combinaison de listes des candidats aux fonctions publiques, entre lesquels le roi choisirait en cas de vacance : on eût ainsi formé une immense hiérarchie élective, qui, suivant l'auteur, aurait assuré des choix toujours bons.

C'est en 1718 que l'abbé de Saint-Pierre prononça son *Discours sur la polysynodie* ou pluralité des conseils. Ce système de gouvernement avait déjà été appliqué, au début de la Régence, par réaction contre celui de Louis XIV : on invoqua pour l'établir je ne sais quels précédents nationaux et la raison qu' « un concert unanime, pour régler les affaires, est préférable à la voie de l'autorité » : au reste, ce système fut bientôt jugé impraticable. L'abbé de Saint-

Pierre démêle et expose fort bien les avantages qu'offre la pluralité des conseils : les faits seront mieux connus, les difficultés mieux résolues, l'intérêt public mieux protégé contre l'intérêt particulier, etc. : disciple de Fénelon, il attribue encore à ce système le mérite de donner à l'aristocratie nobiliaire une plus grande part dans le gouvernement. Mais ce qu'il ne voit justement pas, c'est le vice radical de l'institution, l'impossibilité pour un conseil de procéder avec décision et rapidité. La puissance exécutive ne saurait être exercée par une assemblée : ce principe, qui nous semble aujourd'hui comme un axiome de la science politique, ruine par la base la polysynodie.

Le plus célèbre des projets que mit au jour l'abbé de Saint-Pierre, est celui de la paix perpétuelle. Assurément, cette idée de substituer à la guerre un arbitrage international n'a pas germé pour la première fois dans l'esprit du réformateur ; sans parler de George Podiebrad, roi de Hongrie, qui, dès 1464, conçoit une institution de ce genre, nous aurions à rappeler ici les noms d'Érasme, de Rabelais, de Montaigne, et surtout de Henri IV. Mais ce fut l'abbé de Saint-Pierre qui attacha son nom à cette grande et généreuse idée. Emmené par l'abbé de Polignac au congrès d'Utrecht, aucun spectacle, plus que celui de cette assemblée, n'était fait pour lui inspirer un projet si conforme d'ailleurs au tour humanitaire de son esprit. C'est en 1713, du vivant même de Louis XIV, qu'il publia son fameux traité : tous les États de l'Europe devaient signer une convention en vertu de laquelle ils feraient entre eux une alliance perpétuelle et renonceraient définitivement à la voie des armes pour adopter celle de l'arbitrage. Les bienfaits d'un tel accord étaient encore plus sensibles que ceux de la polysynodie, et l'abbé de Saint-Pierre n'avait pas de peine à les faire ressortir : mais il comptait sans les passions des rois et des peuples, et, pour tout dire, sans la folie de l'humanité. L'évêque de Fréjus, futur cardinal de Fleury, lui disait avec finesse : « Vous n'avez oublié qu'un article essentiel, c'est d'envoyer des missions pour toucher le cœur des princes. » Voltaire, lui aussi, se raille quelque part de ce qu'il appelle :

L'impraticable paix de l'abbé de Saint-Pierre.

Si louables qu'ils fussent, les projets du candide réformateur avaient le tort de devancer les siècles : sans doute, la paix perpétuelle peut être caressée comme un idéal, mais elle ne se réalisera jamais que par l'unité de l'Europe, lorsque nous serons débarrassés des guerres dynastiques grâce à l'établissement de la république universelle, et des guerres nationales grâce au progrès des mœurs et à la confusion de tous les intérêts.

Le marquis d'Argenson qui, comme l'abbé de Saint-Pierre, se rattache à la fameuse société de *l'Entresol*, était, malgré son surnom d'Argenson-la-bête, un esprit bien plus pratique et bien plus original que le bon abbé. Lui aussi, il mit au jour bien des utopies ; mais il était le premier à prendre pour ce qu'ils étaient les rêves de son imagination, et, quand il passait dans le domaine de la pratique, nul n'était plus pénétrant, plus positif et plus soucieux d'application.

Le principal ouvrage de d'Argenson est intitulé: *Considérations sur le gouvernement de la France.* Publié en 1765, il avait été composé bien des années auparavant. Voltaire, qui en eut connaissance dès 1739, l'appelait « un ouvrage d'Aristide », et Rousseau dit dans son *Contrat social* : « Je n'ai pu me refuser le plaisir de citer quelquefois ce manuscrit, quoique non connu du public, pour rendre honneur à la mémoire d'un homme illustre et respectable qui avait conservé jusque dans le ministère le cœur d'un vrai citoyen et des vues droites et saines sur le gouvernement de son pays. » Le vrai titre du traité : *Jusque où la démocratie peut être admise dans un gouvernement monarchique,* en indique tout de suite l'idée dominante. D'Argenson est en effet démocrate et monarchiste. « Les républiques n'ont pas de tête, dit-il ; les monarchies n'ont bientôt plus de bras, car la tête les énerve. Comment faire ? » Telle est pour lui la position du problème, et il essaie de le résoudre en fortifiant la royauté et le peuple aux dépens de la noblesse. C'est un adversaire juré de l'aristocratie et du régime féodal. Ce régime, suivant lui, n'a jamais été qu'une usurpation fondée sur la force brutale. La succession héréditaire dans le droit de commander aux hommes est une absurdité qui ne saurait être adoptée que pour le monarque seul « par convention de l'intérêt populaire, » afin d'éviter les dangers des élections. Les maux actuels, prétend-il, demandent que l'on tire la France « non de dessous ses rois (à Dieu ne plaise !), mais de dessous une aristocratie odieuse, véritable satrapie ». Le remède à la situation est d'attribuer au roi toute la puissance publique qui se rapporte à l'intérêt général et de laisser au contraire l'administration des intérêts locaux à des pouvoirs locaux : c'est le maintien de la centralisation politique au profit du pouvoir royal, et la suppression de la centralisation administrative au profit du peuple. D'Argenson est un des premiers publicistes qui aient mis en circulation ces axiomes si souvent repris depuis lors : ce qui n'est pas fait par ceux qui sont directement intéressés à le faire, est toujours mal fait ; pour mieux gouverner, il faut gouverner moins, etc.

Entrant dans le domaine de la pratique, il trace un plan détaillé de gouvernement. Le royaume serait divisé en départements plus petits, de façon qu'aucune autorité locale ne pût tenir en échec le pouvoir central ; chaque département aurait à sa tête un intendant qui choisirait les magistrats municipaux sur une liste envoyée par les communes, et ces magistrats auraient en leurs mains toute l'administration ; on pourrait même autoriser plusieurs communes à se réunir en conseils cantonaux pour traiter des intérêts communs. C'était là renouveler l'ancien mouvement municipal du moyen âge pour « créer, suivant les termes de d'Argenson, une administration populaire sous l'autorité royale ». L'auteur lui-même résumait l'esprit de son livre par cette épigraphe empruntée au *Britannicus* de Racine :

> Pourvu que dans le cours d'un règne florissant
> Rome soit toujours libre et César tout-puissant.

On voit ce que d'Argenson a emprunté à l'abbé de Saint-Pierre ; on voit aussi comment il se rattache à la tradition romaine impériale : mais il y a dans ses vues quelque chose de nouveau et de fécond, c'est la théorie de la décentralisation administrative.

Toutefois « l'idéal politique ne pouvait pas s'arrêter à ce

système qui établissait une monarchie sans noblesse, sans aristocratie judiciaire, sans bureaucratie, suspendue à une hauteur énorme au-dessus d'une société démocratique [1]. » D'Argenson disait que la royauté, n'éprouvant plus aucune résistance, devait songer à régner sur des citoyens et non point sur des esclaves ; mais comme, suivant sa propre remarque, le système qu'il préconise n'admet aucun partage entre l'autorité royale, c'est-à-dire la puissance législative, et l'autorité populaire, — le citoyen, dans ce genre de gouvernement, ne sera pas complet. Il aura la liberté civile et administrative, non la liberté politique, puisque la monarchie restera politiquement absolue. « La doctrine d'un contrat conditionnel entre le roi et le peuple, telle que l'énonce d'Argenson, n'est qu'une transition entre la doctrine du droit inadmissible de la royauté et celle de la souveraineté populaire toujours vivante [2]. »

L'idée dominante de d'Argenson, c'est la suppression des intermédiaires entre le roi et le peuple, c'est-à-dire de la noblesse. Un autre réformateur de la même époque, Boulainvilliers, part d'une idée diamétralement opposée, et, comme d'Argenson se rattachait à la tradition de Rome impériale, il représente la tradition féodale ou germanique. Dans ses vues sur le rôle de l'aristocratie, Boulainvilliers est l'héritier direct de Fénelon. Ses différents ouvrages, notamment les *Mémoires au régent contenant les moyens de rendre ce royaume très puissant* et l'*Histoire de l'ancien gouvernement de France* (1727) ont pour but de prouver que, suivant ses propres expressions, le gouverne-

1. H. Martin, *Histoire de France*.
2. Id.

ment féodal est le chef-d'œuvre de l'esprit humain. Il avait commencé par étudier l'histoire en vue de rechercher les titres de sa maison, puis il s'était passionné pour nos antiquités nationales et attaché surtout à la liberté aristocratique du régime féodal, sans s'apercevoir, ou plutôt sans se soucier, de la misérable condition où ce régime avait réduit les classes populaires. Son système historique fut d'ailleurs réfuté par Montesquieu; d'après Boulainvilliers, les Français d'origine, conquérants des Gaulois qu'ils avaient asservis, participaient seuls, dans les temps anciens, aux assemblées générales; l'élévation des serfs, d'abord affranchis, puis anoblis, avait peu à peu modifié ce régime aristocratique, jusqu'à le transformer radicalement avec l'aide de la royauté. Le salut de la France était d'y revenir : cette forme de société, seule légitime, s'accordait seule aussi avec les intérêts du pays et des anciennes traditions. — On sait combien sont fausses dans leur ensemble les vues historiques de Boulainvilliers : quant au système politique qu'elles étayaient, il n'avait qu'un défaut, celui d'être fondé sur l'inégalité des classes et sur les privilèges aristocratiques. D'Argenson sacrifiait la liberté politique à l'égalité, Boulainvilliers sacrifie l'égalité à la liberté politique, et à la liberté d'une seule classe.

Quelle que soit la valeur des réformes ou des systèmes élaborés et proposés par les écrivains qui ont précédé les philosophes du XVIIIe siècle, on voit combien, dès la première partie de ce siècle, se marque l'esprit de nouveauté, ou tout au moins de rénovation : la science politique et sociale se fait peu à peu ; les principes s'en posent isolément, et les grands publicistes dont il nous reste à parler pourront profiter des essais et des efforts de leurs prédécesseurs pour tâcher de résoudre le problème, encore bien obscur, dont la solution serait d'unir étroitement l'égalité et la liberté sans sacrifier l'une à l'autre, et d'établir d'une façon définitive les institutions politiques et sociales sur le fondement immuable du droit.

CHAPITRE VIII

VOLTAIRE. — MONTESQUIEU ET L'ESPRIT DES LOIS.

Avant d'étudier la politique de Montesquieu, il nous faut rendre hommage à Voltaire. La philosophie de Voltaire n'a rien d'original : mais, comme dans tous les autres domaines, il a été aussi dans celui des réformes sociales un grand propagateur. Si nous voulions apprécier ses idées politiques proprement dites, il nous faudrait insister d'abord sur les *Lettres anglaises* où il fait l'éloge du gouvernement mixte de l'Angleterre et professe des opinions analogues à celles que nous allons retrouver chez Montesquieu. Quant aux *Idées républicaines* (1763), Voltaire, dans cet ouvrage, subit l'influence de Rousseau tout en la combattant : il y admet par exemple la souveraineté du peuple, quoique avec des restrictions de cens, définit le gouvernement comme « la volonté de tous exécutée par un seul ou par plusieurs en vertu des lois que tous ont portées, » et déclare que, parmi les formes d'États, celle de la république est la plus tolérable. Mais la passion dominante de Voltaire n'eut point pour objet la liberté politique : il consacra tout son génie à combattre le fanatisme, à servir la cause de la tolérance et de l'humanité. Nous ne pouvons que mentionner ici les réformes principales dont il se fit l'avocat ; elles se rapportent à deux buts : l'émancipation de la société laïque et le progrès de la législation. Il fut vraiment l'apôtre de la liberté de conscience, qui lui dut son triomphe définitif. Il poursuivit, comme Montesquieu, la réforme du Code pénal, l'abolition de la torture, la juste gradation des peines, la modification de la procédure criminelle ; il préconisa l'institution anglaise du jury, flétrit la vénalité des charges judiciaires, réclama la suppression du servage. Si Voltaire n'est pas lui-même exempt de tout préjugé, s'il y a en lui « le courtisan, le grand propriétaire, le seigneur de paroisse, » on le trouve toujours à la tête de toutes les nobles causes : c'est le moins original, mais le plus actif et le plus puissant des réformateurs au XVIIIe siècle.

Les deux grands monuments de la science politique avant la Révolution française sont l'*Esprit des lois* et le *Contrat social*. Nous consacrerons ce chapitre tout entier au premier, et au second le chapitre suivant.

L'*Esprit des lois*, grâce à une composition peu méthodique, est difficile à analyser. Au reste, nous ne nous proposons pas d'en étudier ici toutes les parties, mais seulement de mettre en lumière celles qui se rapportent le plus directement à la science politique et sociale dans ses principes essentiels et dans ses applications capitales.

Montesquieu commence par traiter des Lois en général.

D'après lui, les lois sont les rapports nécessaires qui dérivent de la nature des choses. « Il y a, ajoute-t-il, une raison primitive, et les lois sont les rapports qui se trouvent entre elles et les différents êtres. » Avant d'aller plus loin, il nous faut tout d'abord rendre hommage à l'auteur d'avoir posé ce principe, auquel lui-même ne restera pas toujours fidèle ; ici il fait dériver la loi de la justice et non la justice de la loi.

Il descend bientôt des hauteurs de la métaphysique, sans tirer les conséquences de la définition qu'il vient de formuler. Dans le premier chapitre même, certains passages indiquent le caractère tout pratique de son ouvrage. « Le gouvernement le plus conforme à la nature, dit-il, est celui dont la disposition particulière se rapporte le mieux à la disposition du peuple pour lequel il est établi. » Et plus loin : « les lois doivent être tellement propres au peuple pour lequel elles sont faites, que c'est un très grand hasard si celles d'une nation peuvent convenir à une autre. » Après avoir établi brièvement sa théorie rationnaliste, Montesquieu va se contenter d'examiner les lois des différents pays pour les expliquer : il fera œuvre d'historien et de critique, plutôt que de philosophe ; il procédera à la façon du naturaliste qui étudie toutes les plantes, belles ou laides, avec le même intérêt, parce que toutes sont dans la nature : justes ou injustes, il examinera toutes les lois, comme des produits naturels. On serait mal venu à lui reprocher de les mettre toutes sur la même ligne, parce qu'il veut se rendre compte de toutes : ce qu'on peut seulement regretter, c'est qu'en montrant les cas particuliers où s'applique la raison humaine dans les lois civiles et politiques de chaque nation.

il n'ait pas établi d'une façon positive le droit naturel, antérieur et supérieur à la loi, les lois de la nature, ainsi nommées, dit-il lui-même, parce qu'elles dérivent uniquement de la constitution de notre être.

Montesquieu passe ensuite aux différentes formes de gouvernement. Il en reconnaît trois, la république, la monarchie et le despotisme. Sous la dénomination de république il a le tort de ranger la démocratie et l'aristocratie. « Le gouvernement républicain, dit-il, est celui où le peuple en corps ou seulement une partie du peuple a la souveraine puissance. » Il y a là une erreur manifeste : la seule analogie entre l'aristocratie et la démocratie, c'est l'absence de roi ; toutes deux doivent sans doute être distinguées de la monarchie, mais on doit aussi les distinguer l'une de l'autre. Ce qui fait justement que la démocratie républicaine est la forme unique de gouvernement en accord avec la justice, c'est qu'elle est fondée sur la volonté de chacun et de tous; le gouvernement fondé sur la volonté de quelques-uns n'est pas une variante de la démocratie, mais c'est la négation même du principe démocratique.

Quant à séparer l'une de l'autre, la forme monarchique et celle du despotisme, cette distinction peut être justifiée en fait, mais elle n'aurait pas dû passer dans la théorie. Comme le dit Helvétius, il n'y a de différence entre ces deux formes que le plus ou moins de sagesse et de bonne volonté dans celui qui gouverne ; et, ajouterons-nous, le plus ou moins de moralité dans ceux qui sont gouvernés. C'est d'ailleurs ce que Montesquieu reconnaît lui-même plus loin. « Dans ces deux gouvernements dit-il, le pouvoir est le même... ; toute la différence est que dans la monarchie le prince a des lumières et que les ministres sont infiniment plus habiles. » Une pareille distinction, comme nous l'avons dit, n'a aucune valeur au point de vue philosophique. Ce qui caractérise la monarchie, d'après Montesquieu, c'est « la souveraineté d'un seul suivant des lois » ; mais ces lois elles-mêmes ne peuvent être lois que comme établies par le souverain ; le souverain, qui les établit, peut les changer et les violer ; par conséquent nous sommes ramenés à l'état despotique. Qu'on ne dise pas qu'il y a certains corps privilégiés pour garantir ces lois ; car nous sommes ici dans la monarchie simple, et il n'a pas encore été fait mention des gouvernements mixtes. Voltaire avait bien raison quand il disait en parlant de la monarchie et du despotisme : « ce sont deux frères qui ont tant de ressemblance, qu'on les prend souvent l'un pour l'autre ; avouons que ce furent de tout temps deux gros chats à qui les rats essayèrent de pendre une sonnette au cou. »

Dans la démocratie, continue Montesquieu, le peuple doit faire par lui-même tout ce qu'il peut bien faire, et ce qu'il ne peut pas bien faire, il faut qu'il le fasse par ses ministres, qu'il nomme lui-même. Il lui faut aussi un conseil élu de même par lui. « Le peuple est admirable pour choisir ceux à qui il doit confier quelque partie de son autorité ; mais il a toujours trop d'action ou trop peu. » Il va sans dire que la république dont Montesquieu parle ici, c'est la démocratie directe, celle dont les cités antiques nous donnent l'exemple. Au reste, il émet plus loin cette opinion, que la démocratie convient seulement aux petits États. Cependant, au livre IX, il admet la république fédérative et reconnaît qu'elle a tous les avantages inhérents au gouvernement républicain, et la force intérieure de la monarchie. On ne s'explique guère pourquoi Montesquieu semble exclure de grandes républiques dont les différentes parties, au lieu d'être unies par une constitution fédérative, le seraient par un système de représentation qui concentrerait dans son ensemble la vie nationale. » On se l'explique d'autant moins que, dans son chapitre fameux sur la constitution anglaise, il pose tous les principes de la démocratie représentative. Cependant, même dans ce chapitre, il prétend qu'un des grands inconvénients de la démocratie, c'est que le peuple n'est point propre à discuter les affaires : mais, dirons-nous, il suffit que le peuple choisisse des représentants capables de les discuter ; or, nous avons déjà vu que, d'après Montesquieu lui-même, le peuple a tout ce qu'il faut pour faire d'excellents choix.

Après les lois qui dérivent directement de la nature du gouvernement démocratique, Montesquieu passe à celles de l'aristocratie ; mais, selon lui, l'aristocratie tend à se confondre avec la démocratie. « Plus une aristocratie approche de la démocratie, plus elle est parfaite. »

Quant au gouvernement monarchique, la nature en est caractérisée par les pouvoirs intermédiaires, subordonnés et dépendants. Ici, les vues qu'exprime Montesquieu sont justes et profondes. « Abolissez dans une monarchie les prérogatives des seigneurs, du clergé, des villes, vous aurez bientôt un état despotique. » Voilà ce que d'Argenson ne voyait pas. Rome ne peut pas être libre, si César est tout-puissant.

Reste l'état despotique : les lois relatives à sa nature se résument en une seule, c'est que l'homme qui exerce le pouvoir abandonne les affaires entre les mains d'un seul pour se livrer à la paresse, à l'ignorance et aux voluptés.

Dans le livre III, Montesquieu recherche les principes des trois gouvernements. Il pose d'abord cette différence entre la nature du gouvernement et son principe, que sa nature est ce qui le fait être tel, et son principe ce qui le fait agir : au reste les principes d'un gouvernement dérivent de sa nature. — Le principe de l'état populaire est la vertu. Montesquieu a expliqué dans sa préface ce qu'il entend par le mot de vertu ; c'est la vertu politique, l'amour de la patrie et de l'égalité. Entendue dans ce sens, sa fameuse formule se justifie ; car, comme il le dit lui-même, « dans une monarchie on a besoin de moins de vertu que dans un gouvernement où celui qui fait exécuter les lois sent qu'il y est soumis lui-même ». Si l'on peut critiquer Montesquieu, c'est lorsqu'il étend la compréhension du mot *vertu* jusqu'à y faire entrer la frugalité et le désintéressement. Il subit ici l'influence de la philosophie antique et se souvient trop de Sparte ; il confond la politique et la morale, comme les législateurs anciens. C'est sans doute une des raisons pour lesquelles il conçoit la forme républicaine comme un idéal impraticable et préfère la monarchie tempérée. Mais il a tort de penser que l'état populaire demande la perfection morale ; il suffit qu'une démocratie soit fondée sur l'observation de la justice, exprimée par les lois ; or, observer la justice, c'est à quoi tous les citoyens ont intérêt ; car le meilleur moyen qu'ils ont pour faire respecter leurs droits, c'est de respecter les droits des autres.

Nous n'insisterons pas sur le principe de l'aristocratie que Montesquieu trouve dans la modération : la modération n'est point un principe, mais simplement une négation de tout excès dans l'application des principes ; elle convient d'ailleurs à toutes les formes de gouvernement.

Le principe de la monarchie, c'est l'honneur. Ici encore, il y a des réserves à faire. Montesquieu appelle honneur le préjugé de chaque personne et de chaque condition. Cette définition a le tort d'être peu claire. « La nature de l'honneur, ajoute-t-il, est de demander des préférences et des distinctions ; » et plus loin : « c'est moins ce qu'on doit aux autres que ce que l'on se doit à soi-même. » Une définition lucide vaudrait mieux que tous ces équivalents obscurs et mal en accord. Voici sans doute ce que veut dire Montesquieu : c'est que, dans une monarchie, chaque classe, chaque corps, a son honneur particulier, et que tous ces honneurs sont comme une limite au pouvoir royal. « C'est un honneur faux qui conduit toutes les parties de l'État ; mais cet honneur faux est aussi utile au public que le vrai aux particuliers. » La monarchie est donc pour Montesquieu un mécanisme factice dont le ressort est une vertu factice. On peut admettre la pensée du philosophe ainsi expliquée, en remarquant cependant que la durée des monarchies antiques ne saurait guère s'expliquer par le principe de l'honneur.

« Comme il faut de la vertu dans une république et dans une monarchie de l'honneur, il faut de la crainte dans un gouvernement despotique ; pour la vertu, elle n'y est point nécessaire, et l'honneur y serait dangereux. » Cette vue demande à être rectifiée. On peut admettre que la crainte est le principe sur lequel s'appuie le despotisme naissant ; mais on ne saurait reconnaître qu'elle est le ressort du gouvernement despotique, c'est-à-dire, suivant la définition de Montesquieu lui-même, « ce qui fait durer ce gouvernement ». Le despotisme sera bien plus habile s'il se rend tolérable en assurant la sécurité ; or, la sécurité est incompatible avec la crainte. Il aura soin aussi de chercher par l'éducation à « abaisser » le cœur et à abrutir l'esprit : une fois cette œuvre terminée, la crainte ne sera plus nécessaire ; comme l'avait dit la Boétie, l'abaissement et l'abrutissement du peuple suffiront pour faire durer le despotisme.

Dans le chapitre VII, Montesquieu montre comment les trois gouvernements se corrompent. « La corruption de chaque gouvernement commence presque toujours par celle des principes. » Or, on sait que, d'après lui, le principe de la démocratie, c'est la vertu ou amour de l'égalité. La démocratie se pervertit donc par la corruption de l'esprit d'égalité. Mais ici Montesquieu indique deux modes possibles de corruption. « La démocratie, dit-il, a deux excès à éviter, l'esprit d'inégalité qui la mène à l'aristocratie ou au gouvernement d'un seul, et l'esprit d'égalité extrême qui la conduit au despotisme ». Cette vue est d'une profonde justesse.

« La monarchie se corrompt lorqu'on ôte peu à peu les prérogatives des corps ou les privilèges des villes. » Montesquieu sentait bien que, si le despotisme s'était introduit en France, c'était, comme nous l'avons déjà remarqué, grâce à la destruction des pouvoirs intermédiaires. Il saisit avec non moins de profondeur que la corruption de l'état monarchique peut avoir une autre conséquence, c'est l'établissement de l'état populaire ; mais alors, comme il le fait fort bien observer, l'état populaire n'est que le despotisme de tous.

Quant au principe du gouvernement despotique, il se corrompt sans cesse parce qu'il est corrompu par sa nature ; il périt par son vice intérieur. Cependant Montesquieu reconnaît ici ce que nous lui avons reproché de méconnaître plus haut, c'est que le despotisme peut forcer sa nature et « s'apprivoiser ». Tout en se réservant de recourir à la crainte, s'il vient à la croire nécessaire, le despote se perpétue par d'autres moyens.

C'est dans le livre XI que Montesquieu traite de la constitution anglaise. Mais, avant de l'étudier, il nous faut remarquer quelle fausse idée il se fait de la liberté et de la démocratie. « La liberté, dit-il, est le droit de faire tout ce que les lois permettent. » On ne reconnaît pas ici les principes que lui-même avait posés au début de son œuvre : il semble confondre la loi et la justice, ou faire dériver la légalité du droit. Sans doute, la loi s'impose au respect de tout citoyen dans un pays démocratique, fût-elle même mauvaise et injuste, pour cette seule raison qu'elle est la loi ; mais, philosophiquement, la définition de Montesquieu est fausse et dangereuse : la liberté est le droit de faire ce que permet la justice parlant par l'organe de la loi. — Quant à la démocratie, il prétend que ce n'est pas un état libre par sa nature et que la liberté politique se trouve seulement dans les gouvernements modérés. Cette opinion provient de ce qu'il ne comprend pas la véritable république : la véritable république n'est point le despotisme de tous, mais l'union entre tous établie sur l'égalité de toutes les libertés.

On a pu dire, non sans fondement, que « si la sympathie historique et pratique de Montesquieu est acquise au gouvernement mixte, sa sympathie philosophique appartient à la démocratie ». Mais peu importe : cette démocratie, Montesquieu ne la croyait pas possible ; celle dont il admet la possibilité n'est pas un état libre par sa nature. N'essayons pas de le faire républicain ; s'il est l'adversaire ardent du despotisme, il le craint dans le gouvernement de tous non moins que dans celui d'un seul, et même au point de repousser absolument la démocratie comme inconciliable dans la pratique avec la liberté : ce qu'il veut, c'est un gouvernement mixte ; son modèle, c'est la constitution anglaise.

Montesquieu part de ce principe que, pour assurer la liberté, il faut que le pouvoir arrête le pouvoir ; car celui qui a la puissance est toujours porté à en abuser. De là, la séparation des trois pouvoirs, législatif, exécutif, judiciaire. Quand la puissance législative est réunie à la puissance exécutive, point de liberté parce qu'on peut craindre que le même monarque ou le même sénat ne fasse des lois tyranniques pour les exécuter tyranniquement. Si la puissance de juger est jointe à la puissance législative, point de liberté non plus, parce que le juge législateur aurait un pouvoir arbitraire sur la vie des citoyens. — De ces trois pouvoirs, le législatif doit appartenir au peuple ou à ses représentants, car dans un État libre tout homme qui est censé avoir une âme libre doit être gouverné par lui-même ; l'exécutif doit appartenir à un monarque, car il faut pour l'exercer une personne unique, afin d'assurer la promptitude des décisions, et une personne irresponsable, afin d'empêcher la puissance législative de tout absorber ; enfin le pouvoir judiciaire doit appartenir à un corps indépendant, qui ne soit pas intéressé à l'injustice.

Cette théorie des trois pouvoirs avait déjà été posée par Aristote. Montesquieu l'appliqua à la constitution anglaise dont il révéla aux Anglais eux-mêmes l'ingénieux mécanisme. Elle est restée acquise à la science politique. Mais il ne faudrait pas croire que la séparation des pouvoirs soit compatible avec la monarchie seule, comme le dit Montesquieu. La doctrine de la souveraineté populaire, telle que l'établira Rousseau, permet la division des pouvoirs en les faisant tous dériver du peuple. Dans la constitution véritablement démocratique, tous ceux qui ont une partie du pouvoir sont des mandataires de la nation, ce qui garantit la souveraineté unique du peuple ; d'un autre côté, les mandataires forment trois corps séparés, ce qui garantit la liberté de chacun. D'ailleurs, la séparation des pouvoirs est encore un nouvel appui de la souveraineté populaire ; car, s'ils n'étaient pas divisés, le peuple serait désarmé contre l'usurpation. Dans une démocratie, le pouvoir judiciaire peut et doit, comme le veut Montesquieu, être confié à un corps indépendant (soit élu par le peuple, soit nommé par le pouvoir exécutif, mais avec des garanties) ; le pouvoir législatif, comme il le veut encore, peut et doit être confié à une assemblée élue par la nation ; enfin l'exécutif doit être confié, non plus à un monarque, mais à une personne responsable : les décisions seront tout aussi promptes, et, quant à la toute-puissance du législateur, il suffit pour y mettre obstacle d'un article conditionnel indiquant précisément dans quels cas la responsabilité de l'exécutif est en jeu. Au reste les pouvoirs sont susceptibles de se diviser et de se distribuer suivant une infinité de combinaisons diverses : mais le principe de la séparation, posé par Montesquieu, ne s'applique pas mieux à la monarchie qu'à la forme républicaine, où Montesquieu ne le croit pas possible.

Il nous faut encore relever dans *l'Esprit des lois* cette erreur capitale, que l'auteur y confond les trois pouvoirs avec les trois formes de gouvernement. Il a tort de penser que chacun de ces pouvoirs se rattache à une de ces formes, et que pour fonder les différents pouvoirs il faut unir les formes diverses. Comme il a été dit, Montesquieu met l'exécutif aux mains d'un monarque, le législatif aux mains du peuple : mais entre le monarque et le peuple il place un intermédiaire, la noblesse, et il semble confondre les trois pouvoirs, législatif, exécutif et judiciaire avec les trois pouvoirs, peuple, monarque et noblesse. L'erreur est grave : rien de commun, ainsi que nous l'avons vu, entre ces deux catégories de pouvoirs. C'est là, dit Montesquieu, la constitution anglaise. Peu-être ; mais cette constitution était due à d'anciennes traditions et à des éléments historiques tout particuliers ; d'ailleurs elle n'établissait pas la liberté complète, et laissaitsubsister des privilèges aristocratiques. Quand même elle eût été parfaite, pouvait-on créer artificiellement en France ces éléments et ces traditions, sur lesquels reposait la constitution d'Angleterre ? Non, sans doute. Montesquieu essaiera plus loin de faire voir qu'ils existaient dans l'ancienne France : décidant entre les théories de Boulainvilliers et celle de Dubos, il admet en grande partie les vues aristocratiques du premier, mais croit au choix libre des lois personnelles sous les deux premières races. « Cette erreur, dit A. Thierry, devint la pierre angulaire d'un nouveau système qui fit voir au tiers état ses ancêtres siégeant dès le berceau de la monarchie dans les grandes assemblées politiques. » Et, en effet, l'idéal de Montesquieu était la monarchie avec des pouvoirs intermédiaires constitués par une aristocratie héréditaire et un parlement politique. Il saisit très bien, comme nous l'avons vu, que la suppression de ces intermédiaires a amené en France le despotisme ; mais il ne voit pas qu'au lieu de revenir au privilège de la monarchie, fondée sur le privilège de la noblesse et du parlement, on peut fonder un gouvernement démocratique qui saura concilier la vraie liberté et la vraie égalité.

Telles sont les principales vues de Montesquieu sur la politique générale. Nous ne pouvons entrer ici dans toutes les questions auxquelles touche *l'Esprit des lois :* disons pourtant un mot des principales réformes dont Montesquieu a été le promoteur et des services qu'il a rendus à la cause de l'humanité. Il demande la tolérance en matière religieuse : mais il fait les mêmes réserves que Bodin, et ne veut pas que l'État reçoive une religion nouvelle : se plaçant au seul point de vue de l'intérêt social, il n'accorde pas assez à la liberté de conscience. Pour la question de l'esclavage, il combat avec une grande force les arguments à l'aide desquels tous les théoriciens politiques, depuis Aristote jusqu'à lui, sauf Bodin, avaient montré cette institution comme nécessaire ou même comme juste. Il faut lire le chapitre XV pour voir avec quelle hauteur de pensée et quelle indignation, généreuse jusque dans l'ironie, il proteste contre l'esclavage. Pour la pénalité, il s'élève éloquemment contre les supplices barbares et contre la torture. En somme, Montesquieu a été, sinon le plus actif, au moins le plus grave défenseur de toutes les réformes au XVIIIe siècle.

Dans le domaine de la science politique proprement dite, son influence a été immense : il est le théoricien de la monarchie constitutionnelle ; 1789 et 1830 procèdent de lui. On peut lui reprocher d'être resté trop attaché aux traditions du passé et d'avoir conçu comme idéal une sorte de gouvernement que l'homme d'État a peut-être raison de vanter, mais que le philosophe ne saurait établir pour type rationnel. D'ailleurs c'est de tous les publicistes contemporains, celui qui a été le plus jaloux de la liberté politique : malheureusement, il ne la crut compatible qu'avec un régime de privilège, et c'est pourquoi son influence devait être moins grande que celle de Rousseau dans une nation aussi passionnée que la nôtre pour l'égalité sociale.

CHAPITRE IX

ROUSSEAU ET LE CONTRAT SOCIAL.

Montesquieu avait été un historien : avec Rousseau s'ouvre une ère nouvelle, celle de la raison abstraite. On connaît les premiers ouvrages de Jean-Jacques, en particulier son *Discours sur l'inégalité*. Nous n'étudierons ici que le *Contrat social*, la plus considérable et la plus mûre de ses œuvres.

Rousseau ne tient pas compte de l'histoire, de la tradition, du passé : il essaie de construire la société d'une façon toute géométrique. Il dit au début qu'il prend les hommes tels qu'ils sont et les lois telles qu'elles peuvent être ; et en effet, il serait injuste de considérer ses vues comme purement utopiques ; mais il eût dit avec plus de vérité qu'il prenait l'homme en soi tel qu'il est et la loi en soi telle qu'elle doit être.

En un mot, Rousseau est dans la vérité abstraite, non dans la réalité contingente. Ce qu'il cherche, c'est la solution d'un problème de géométrie politique. Il suppose des homme « sans parents, sans passé, sans traditions, sans patrie », de pures entités toutes égales entre elles, et se demande quel est le système d'association qui leur convient. Il fait complète abstraction de toutes les particularités pour ne s'en tenir qu'aux traits toujours constants de la nature humaine, de façon que la formule d'association une fois trouvée puisse s'appliquer à tous les hommes.

Il reconnaît lui-même en bien des endroits, notamment au chapitre Ier du livre III, que « non seulement différents gouvernements peuvent être bons à divers peuples mais au même peuple en différents temps » ; aussi serait-il injuste de prétendre que Rousseau a voulu couler tous les peuples dans le même moule.

Ce qui est vrai, c'est que, sans nier les différences d'homme à homme et de nation à nation, il a cherché à établir les principes politiques et sociaux qui peuvent convenir à tout homme et à toute nation. Il procède comme avaient fait nos poètes classiques, comme faisait Racine qui réduisait la nature humaine à ses éléments essentiels et n'étudiait en elle que les caractères communs à tous les hommes. De là la faiblesse et la force de notre théâtre : la force, parce que c'est le théâtre de tous les temps et de tous les pays, où l'homme, quel qu'il soit, reconnaîtra toujours le fond de sa nature ; la faiblesse, parce qu'il ne peut y avoir dans ce théâtre aucun caractère complètement exprimé, c'est-à-dire aucun personnage qui vive d'un existence complète. De même pour la politique rationaliste : ce qui en fait la grandeur, c'est qu'elle ne s'occupe pas d'un peuple plutôt que d'un autre ; cherchant à remonter jusqu'aux principes universels, elle travaille pour l'humanité tout entière ; mais si la société qu'elle établit peut être proposée à toutes les nations, elle ne convient particulièrement à aucune ; elle n'a pas de physionomie. — La méthode que Rousseau emploie est celle des sciences exactes : on remarque une grande analogie entre son livre et celui de Languet, qui arrivait par la même méthode à la théorie du contrat. Rousseau, si passionné, si fougueux dans ses autres écrits, montre dans le *Contrat social* une rare possession de soi-même ; il a renoncé à tous ses écarts, à toutes ses déclamations ; la sévérité de la forme est en accord parfait avec la rigueur de la méthode.

Livre I. — La plus ancienne de toutes les sociétés est celle de la famille ; or, dès que les enfants sont grands, la famille repose sur la convention, c'est-à-dire sur un accord des volontés libres. Aucun homme n'a une autorité naturelle sur son semblable. Le droit de la force est un mot vide de sens. Restent donc les conventions pour base de toute autorité légitime. L'aliénation de la liberté n'est admissible ni pour un homme ni pour un peuple : le droit d'esclavage est nul parce qu'il est illégitime, étant reconnu que celui qui se donne ne peut être dans son bon sens ; il est d'ailleurs absurde, car ces termes d'*esclavage* et de *droit* s'excluent mutuellement. « Un peuple, dit Grotius, peut se donner à un roi »; mais alors, un peuple est un peuple avant de pouvoir se donner : l'acte par lequel un peuple s'affirme est le véritable fondement de la société ; or, c'est une convention. Les hommes, parvenus à ce point où les obstacles qui nuisent à leur conservation dans l'état de nature l'emportent par leur résistance sur les forces que chaque individu peut employer pour se maintenir dans cet état, forment par agrégation une somme de forces qui peuvent l'emporter sur la résistance. Le problème à résoudre peut se formuler ainsi : trouver une forme d'association qui défende et protège de toute la force commune la personne et les biens de chaque associé, et par laquelle chacun, s'unissant à tous, n'obéit pourtant qu'à lui-même et reste aussi libre qu'auparavant. Ces clauses du contrat se ramènent à une : l'aliénation totale de chaque associé avec tous ses droits à la communauté. Cet acte d'association produit à l'instant un corps moral et collectif qui a son moi : c'est l'État (envisagé comme passif) ou le souverain (envisagé comme actif). Le souverain, ne pouvant se considérer que sous un seul rapport, ne peut être obligé envers lui-même ; il n'y a pour lui nulle espèce de loi fondamentale obligatoire, pas même le contrat social. Le souverain, n'étant formé que des particuliers qui le composent, ne peut avoir d'intérêt contraire au leur : par conséquent, la puissance souveraine ne doit aucune garantie aux sujets. Ce passage de l'état de nature à l'état civil crée la moralité, le devoir, le droit, et fonde la propriété qui jusque-là était pure usurpation.

Livre II. — La souveraineté est inaliénable ; elle est indivisible dans son principe, quoique applicable à plusieurs objets ; il ne faut pas prendre pour des parties de cette autorité souveraine ce qui n'en est que des émanations. — La volonté générale est toujours droite et tend toujours à l'utilité générale ; mais elle peut errer et ne pas voir le bien en le voulant. — Il faut distinguer les droits respectifs du souverain et des citoyens : comme sujets, les citoyens ont des devoirs ; comme hommes, ils ont des droits naturels ;

ce que chacun aliène, par le pacte social, de sa puissance, de ses biens, de sa liberté, c'est seulement la partie de tout cela dont l'usage importe à la communauté. D'ailleurs, la volonté générale doit partir de tous pour s'appliquer à tous ; en cela réside la garantie du droit de chacun, car chacun se soumet nécessairement aux conditions qu'il impose aux autres. Le pouvoir souverain ne pouvant passer les bornes des conventions générales, on voit qu'au lieu d'aliénation il y a en réalité échange avantageux d'une manière d'être incertaine et précaire contre une autre meilleure et plus sûre. — Le pacte social donne l'existence et la vie au corps politique ; la législation lui donne le mouvement et la volonté. La loi est l'acte par lequel tout le peuple statue sur tout le peuple. Tout État régi par des lois est une république, et tout gouvernement légitime est républicain. Le plus grand bien de tous, qui doit être la fin de toute législation, se réduit à la liberté et à l'égalité.

Livre III. — On distingue dans le corps politique la force, ou puissance exécutive, et la volonté, ou puissance législative. La puissance législative appartient au peuple ; la puissance exécutive ne peut appartenir à la généralité, parce qu'elle ne consiste qu'en des actes particuliers qui ne sont point du ressort de la loi. Elle appartient au gouvernement. Le gouvernement est l'exercice légitime de la puissance exécutive, et le prince ou magistrat est l'homme ou le corps chargé de cette administration. Le gouvernement reçoit du souverain les ordres qu'il donne au peuple. On appelle démocratie la forme politique où le souverain commet le dépôt du gouvernement à tout le peuple, ou à la plus grande partie ; aristocratie, celle où le gouvernement est entre les mains d'un petit nombre ; monarchie, celle où le gouvernement est concentré entre les mains d'un magistrat unique. Il n'a jamais existé de véritable démocratie, et il n'en existera jamais. La souveraineté ne peut être représentée, car la volonté ne se représente pas. Les députés du peuple ne sont que ses commissaires et ne peuvent rien conclure définitivement. Toute loi que le peuple en personne n'a pas ratifiée est nulle. Le peuple ne peut être représenté que dans la puissance exécutive. Les peuples anciens n'avaient pas de représentants, grâce à l'esclavage, qui leur permettait de vaquer tout entiers à leur grande affaire, la liberté. Quoi ? la liberté ne se maintient qu'avec l'appui de la servitude ? Peut-être.

Livre IV. — Le pacte social exige le consentement unanime ; mais ensuite, toute loi n'exige que la majorité. Comment donc un homme peut-il être libre et forcé de se conformer à des volontés qui ne sont pas les siennes ? Quand on propose une loi, ce qu'on demande aux citoyens, ce n'est pas s'ils approuvent la proposition, mais si elle est conforme à la volonté générale : lorsque l'avis contraire au mien l'emporte, cela prouve que ce que j'estimais être la volonté générale ne l'était pas. Si mon avis particulier l'eût emporté, j'aurais fait autre chose que ce que j'avais voulu, et c'est alors que je n'eusse pas été libre.

Nous venons de résumer les idées principales du *Contrat social* en nous gardant d'y intervenir, pour qu'on les vît dans toute leur suite et avec toute leur force. Mais il faut maintenant les examiner de plus près, afin de montrer et quels progrès Rousseau a fait faire à la science politique, et aussi dans quelles erreurs l'a souvent entraîné l'abus de la logique abstraite ou l'influence des traditions antiques.

Rousseau a d'abord le mérite d'avoir solidement établi ce principe fondamental, qui n'est plus aujourd'hui contesté, c'est que la souveraineté réside dans la volonté générale, que cette souveraineté inaliénable ne saurait être divisible en elle-même, et qu'il ne faut pas confondre la division des pouvoirs avec le partage de la souveraineté. Au contraire, la division des pouvoirs, qui tous émanent du souverain, a justement pour but d'assurer l'unité de la souveraineté universelle. Voilà ce que personne n'avait vu avant Rousseau. Avant lui, la souveraineté et le gouvernement étaient confondus ; Rousseau établit le premier que le gouvernement est un mandataire du souverain, chargé d'exécuter la volonté générale en qui seule réside la souveraineté : de là cette conséquence nécessaire, que la seule forme d'État légitime est la forme républicaine. Aussi ne s'occupe-t-il pas de cette forme, et, s'il divise les gouvernements en trois classes d'après Aristote, cette division est fondée uniquement sur l'attribution du pouvoir exécutif, considéré comme un simple mandat.

Il est inutile d'insister plus longtemps sur l'importance du principe nouveau que Rousseau pose comme base de la science politique. Malheureusement l'auteur du *Contrat social* exagère ce principe : il l'exagère en forçant le sens du mot *démocratie*, et en accordant trop au souverain.

On n'est pas étonné d'entendre Rousseau dire qu'il n'a jamais existé de véritable démocratie et qu'il n'en existera jamais, quand on sait ce qu'il entend par ce mot. D'abord, sous l'influence des idées antiques, il déclare, comme Montesquieu, qu'au sein d'une démocratie doit régner « beaucoup d'égalité dans les rangs et dans les fortunes », et que toutes les vertus, notamment la frugalité, doivent y être pratiquées par tous les citoyens. Ensuite il donne au terme même de démocratie toute la rigueur que ce terme peut comporter. « A l'instant que le peuple est légitimement assemblé en corps souverain, toute juridiction du gouvernement cesse, la puissance exécutive est suspendue, et la personne du dernier citoyen est aussi sacrée et inviolable que celle du premier magistrat, parce que, où se trouve le représenté, il n'y a plus de représentant. »

D'ailleurs, le peuple assemblé, c'est, pour Rousseau, le peuple tout entier; au chapitre douzième du livre III, il semble croire la chose possible. «Le peuple assemblé, dira-t-on: quelle chimère! Ce n'en était pas une, il y a deux mille ans. Les hommes ont-ils donc changé de nature ? » Et alors il parle de la république romaine, dans laquelle les citoyens au nombre de 400,000 se réunissaient d'après lui presque chaque semaine, quelquefois plus. Mais, ailleurs, il dit en propres termes qu'on ne peut imaginer le peuple restant incessamment assemblé pour vaquer aux affaires publiques. Or, dans ce cas, pas de démocratie possible : en effet, Rousseau ne veut pas admettre la représentation ; « c'est, dit-il, l'attiédissement de l'amour de la patrie, l'activité de l'intérêt privé, l'abus du gouvernement, qui ont fait imaginer la voie des députés». La souveraineté ne peut pas être représentée non plus qu'aliénée. «Le peuple anglais pense être libre, il se trompe fort ; il ne l'est que durant l'élection des membres du parlement : sitôt qu'ils sont élus, il est esclave, il n'est rien.» Et alors, Rousseau revient aux républiques antiques. « Chez les Grecs tout ce que le peuple avait à faire, il le faisait par lui-même ; il était sans cesse assemblé sur la place, etc. » Épris des anciennes démocraties, Jean-Jacques semble même regretter l'esclavage, dont il a démontré l'injustice avec tant de force. « Pour vous, peuples modernes, vous n'avez point d'esclaves, mais vous l'êtes, vous payez leur liberté de la vôtre. Vous avez beau vanter cette préférence, j'y trouve plus de lâcheté que d'humanité. »

Les idées de Rousseau sur la démocratie sont aisées à réfuter ; il a abstraitement raison, mais, dans la réalité, il suffit que des réunions publiques fréquentes mettent le représentant en contact avec les représentés, et que des élections à brefs intervalles permettent aux mandants d'enlever son mandat au mandataire, s'il leur en paraît indigne. Sans doute, ce n'est pas là la perfection géométrique ; mais l'absolu ne saurait régner dans tous les domaines. Au reste, Rousseau le comprit lui-même, et, dans son *Gouvernement de Pologne*, il admet les représentants, moyennant le mandat impératif et le compte rendu. Quant à proposer pour modèle ces républiques antiques où la seule affaire du peuple était la liberté, Rousseau oublie la différence des civilisations : nos sociétés modernes sont fondées sur le travail. D'ailleurs, c'est une pure déclamation que de glorifier les Grecs et les Romains parce qu'ils faisaient de la liberté leur seule affaire : la liberté ainsi entendue est toute platonique. Ils étaient libres ; mais libres de quoi faire, puisque leur activité se réduisait à garantir une liberté tout idéale et sans application ? La liberté, pour nous, c'est l'assurance que nous pourrons accomplir librement toutes les fonctions humaines.

Rousseau, disions-nous plus haut, accorde trop au souverain. On a pu même prétendre qu'il a seulement retourné le système de Hobbes et déplacé le despotisme en l'attribuant à la multitude. Cette assertion n'est d'ailleurs pas juste. On sent, dans le *Contrat social*, que l'auteur est toujours préoccupé de ne pas sacrifier l'individu à l'État. Lui-même, en réfutant Grotius sur le droit d'esclavage, montre clairement et avec force que l'aliénation totale de l'individu n'est pas possible. Il pose les termes de son problème en respectant les droits de la personne humaine. Enfin, il a toujours un vif souci des particuliers : « outre la personne publique, dit-il, nous avons à considérer les personnes privées qui la composent et dont la vie et la liberté sont naturellement indépendantes d'elle. » Puis il revient, pour l'atténuer, sur la formule de l'aliénation totale. « On convient, ajoute-t-il, que tout ce que chacun aliène, par le pacte social, de sa puissance, de ses biens, de sa liberté, c'est seulement la partie de ce tout dont l'usage importe à la communauté. Le souverain ne peut charger les sujets d'aucune chaîne sans qu'il y ait intérêt pour le corps tout entier. » Sans doute, Rousseau convient que le souverain est le seul juge de cet intérêt, et c'est une théorie bien dangereuse ; mais il faut lui tenir compte des efforts qu'il fait pour sauvegarder les droits de l'individu.

D'ailleurs, un acte de la souveraineté étant d'après lui une convention du corps avec tous ses membres, il en conclut que le pouvoir souverain, tout absolu, tout sacré, tout inviolable qu'il est, ne passe ni ne saurait passer les bornes des conventions générales, et que tout citoyen pourra toujours disposer pleinement de ses biens et de sa liberté. Et il ajoute : « Ces distinctions une fois admises, il est si faux que, dans le contrat social, il y ait de la part des particuliers aucune renonciation véritable, que leur situation, par l'effet de ce contrat, se trouve réellement préférable à ce qu'elle était auparavant. » « Toute dépendance particulière, dit-il ailleurs, est autant de force ôtée au corps de l'État. »

Malgré toutes ces restrictions, Rousseau attribue encore trop au souverain. Il le considère comme un corps moral et collectif qui a sa vie propre et sa volonté. Il oublie trop que l'État n'est pas une unité absolue, mais une collection d'individus différents. Il aggrave encore sa célèbre formule de l'aliénation totale en ajoutant que nul associé n'a dès lors plus rien à réclamer, et qu'il ne reste plus de droits aux particuliers, contradiction manifeste avec ce que nous lui avons entendu dire tout à l'heure. Il prétend que, comme il n'y a pas un associé sur lequel on n'acquière le même droit qu'on lui cède sur soi, on gagne l'équivalent de tout ce qu'on perd. Mais qui ne voit le sophisme ? Les droits de l'un ne peuvent pas se transmettre à l'autre. Rousseau prétend avec raison que la souveraineté ne saurait léser les droits d'un particulier puisqu'elle ne s'exerce que sur tous à la fois ; mais elle peut léser la liberté même de tous. Au-dessus de la souveraineté, il y a des lois fondamentales obligatoires, et Rousseau les oublie quand il prétend que le souverain n'est engagé à rien envers lui-même. Il semblait pourtant les avoir reconnues, lorsqu'il déclarait plus haut que ce qui est bien et conforme à l'ordre est tel par la nature des choses et indépendamment des conventions humaines : mais ici, il ne voit pas que la volonté générale et même unanime ne peut faire la justice.

L'auteur du *Contrat social* doit être sans doute distingué de Hobbes : celui-ci établit l'aliénation complète des individus sans qu'il leur reste absolument aucune espèce de droits ; quant à Rousseau, il fait au moins tous ses efforts pour concilier la liberté de la personne privée avec les droits du souverain, et c'est dans l'intérêt même de la liberté qu'il conçoit la société comme fondée sur le contrat. Mais, s'il veut, d'une façon générale, baser l'ordre social sur la volonté libre, reconnaissons que, dans les applications de ce principe si élevé, il a été souvent bien inconséquent, et qu'on trouve, même chez lui, une foule de propositions sur lesquelles on pourait fonder la théorie du despotisme.

Au reste, une doctrine que nous avons déjà attaquée en passant semble s'établir dans l'ouvrage de Jean-Jacques : c'est que le contrat social crée le droit. Nous avons déjà cité quelques lignes de Rousseau où il dément formellement ce principe ; mais il le pose ailleurs avec tant de force, qu'il nous faut bien le lui attribuer. D'après lui, le passage de l'état naturel à l'état civil produit dans l'homme un changement très remarquable en substituant dans sa conduite la justice à l'instinct et en donnant à ses actions la moralité qui leur manquait auparavant. C'est alors seulement que la voix du devoir succède à l'impulsion physique, et le droit à l'appétit. Cette doctrine de Rousseau n'apparaît nulle part aussi clairement que dans sa théorie de la propriété. D'après lui, chaque membre de la communauté se donne à elle, au moment où elle, se forme, lui et toutes ses forces, dont les biens qu'il possède font partie.

« Ce qu'il y a de singulier dans cette aliénation, c'est que, loin qu'en acceptant les biens des particuliers, la communauté les en dépouille, elle ne fait que leur en assurer la légitime possession, changer la jouissance en propriété. » Et ailleurs : « Le droit que chaque particulier a sur son propre fonds est toujours subordonné au droit que la communauté a sur tous. » Nous connaissons déjà le sophisme qui fait reposer le droit sur la convention sociale, pour l'avoir rencontré dans la plupart de nos écrivains politiques. Il n'en est que plus dangereux, et nous devons maintenir, contre une pareille maxime, les principes philosophiques qui ouvrent l'*Esprit des lois*, et auxquels Montesquieu lui-même ne reste pas fidèle.

Nous trouvons encore chez Rousseau une erreur grosse de conséquences, qui se rattache à la précédente: il considère la société comme une sorte de matière inerte que le législateur peut pétrir à son gré. Cette erreur ne lui est pas particulière ; on la rencontre aussi chez presque tous les publicistes antérieurs, et chez Montesquieu lui-même ; jamais cependant, si nous exceptons peut-être Fénelon, elle ne s'était encore si hautement affirmée. La source en est dans la philosophie politique de l'antiquité et dans le rôle attribué aux Lycurgue et aux Solon. Rousseau, le théoricien de la volonté générale, escamote dans la pratique le suffrage universel en confiant la société à un législateur. Sans doute, les lois devront être ratifiées par la nation : mais comment celui qui n'admet pas la représentation du peuple peut-il admettre un législateur ? Et ce législateur, d'après Rousseau, doit se sentir en état de changer la nature humaine, d'altérer la constitution physique et morale de l'homme. Son œuvre consiste à combattre la nature. « C'est précisément parce que la force des choses tend toujours à détruire l'égalité, que la force du législateur doit toujours tendre à la maintenir. » Il y a opposition formelle entre l'état de nature et l'état social : la société est une création artificielle, une sorte de machine que monte le législateur.

De ces principes devait naître une nouvelle école, le socialisme. Si la société est un état hors nature, né uniquement d'un contrat, et si, par suite, la loi crée tous les droits, il en résulte que l'on doit se mettre en campagne pour trouver la meilleure formule sociale. « Quiconque, ignorant que le corps social est un ensemble de lois naturelles, comme le corps humain, rêve de créer une société factice et se prend à manipuler à son gré famille, propriété, droit, humanité, est socialiste. Il ne fait pas de la physiologie, il fait de la statuaire ; il n'observe pas, il invente : il n'étudie pas la nature, il la change, suivant le conseil de Rousseau et l'inspiration de l'antiquité [1]. Voilà de quel point de vue on peut dire que Rousseau est le précurseur du socialisme : on l'a même accusé d'être un des ancêtres du communisme ; d'après lui, en effet, les hommes se constituant en société font abandon de tout à l'État, et, dès lors, il semble que, suivant les principes ci-dessus énoncés, l'État ait le droit de tout distribuer à son gré. On trouve même dans le *Contrat* de violentes attaques contre la propriété. Cependant, il ne faut rien exagérer : Rousseau nie sans doute le droit de propriété comme droit naturel, mais il le reconnaît hautement comme droit social. Quoi qu'il en

1. Bastiat.

soit, tous les socialistes, et les communistes eux-mêmes, se réclameront toujours de Jean-Jacques. Certes, il a fait faire un grand pas à la science politique en cherchant le fondement de la justice dans la volonté : mais il a, malgré lui peut-être, trop subordonné la volonté individuelle à la volonté générale.

CHAPITRE X

SOCIALISTES : MABLY ET MORELLY. — ECONOMISTES : BOIS-GUILLEBERT, GOURNAY, QUESNAY. — L'ÉCONOMISME MODERNE.

L'histoire de la science politique, telle que nous l'avons tracée jusqu'ici, est surtout la lutte de deux principes, celui de l'autorité et celui de la liberté. A mesure que nous avançons dans cette histoire, nous avons vu se développer de plus en plus, sauf les réactions inévitables, le principe de la liberté individuelle [1] qui devient la condition même de toute société. Mais voici une nouvelle école, celle des socialistes, qui, une fois démontré le dogme de la souveraineté nationale, oublie que cette souveraineté est formée par celle des individus dont se compose le corps social, et sacrifie la liberté de chacun à la volonté d'une unité

1. Si Rousseau la sacrifie trop souvent à la volonté du corps social c'est après tout, comme il a déjà été dit, par un pur excès de logique : nous croyons avoir montré qu'elle ne cesse jamais d'être le principal objet de sa préoccupation.

abstraite appelée l'État. Cette théorie n'est pas nouvelle ; elle remonte en droite ligne à la philosophie de l'antiquité ; mais, à la fin du XVIIIe siècle, elle s'affirme avec une grande hardiesse en attendant qu'elle passe de la théorie à l'action. En face de cette école s'est formée celle des économistes qui part de principes absolument opposés et se fonde sur la liberté inaliénable et illimitée de la personne humaine. C'est entre ces deux partis que se livre encore aujourd'hui la lutte. Nous allons d'abord étudier le socialisme avec Mably et Morelly, puis l'économisme avec Bois-Guillebert, Quesnay et Gournay : mais, l'économisme ne trouvant sa forme complète qu'au XIXe siècle, nous franchirons pour une fois les bornes marquées à cette étude afin de pouvoir exposer dans toute leur suite et dans toute leur vérité les principes politiques et sociaux de l'économisme.

Mably est, à certains égards, un disciple de Rousseau : c'est par Rousseau qu'il se rattache aux anciens, notamment à Platon. Nous n'avons pas à parler ici de ses premiers ouvrages où il émet sur l'autorité des rois, qu'il veut absolue, comme sur la richesse et le luxe, des opinions toutes contraires à celles qu'il soutint par la suite. Ses deux principaux ouvrages sont les *Entretiens de Phocion* et la *Législation*. L'idée qui domine le premier, c'est que le but de la politique est de faire régner la vertu ; celle qui ressort du second, c'est que tous les maux actuels, soit physiques soit moraux, ont leur source dans la propriété : Mably ne veut pourtant pas la supprimer ; sans doute, la communauté des biens est pour lui l'idéal social ; mais il ne croit pas possible de l'établir, et il convient avec Rousseau que le législateur doit reconnaître dans la propriété un fait acquis.

Nous n'insisterons pas davantage sur les idées de Mably, que nous allons retrouver plus nettes et plus radicales dans Morelly. Morelly peut être considéré comme le père du socialisme sous toutes ses formes, même les plus modernes : et c'est à ce titre que nous étudions de près son principal ouvrage, le *Code de la nature* (1755).

D'après Morelly, la société actuelle est en désaccord absolu avec les lois naturelles : elle a été jusqu'alors mal façonnée, et lui-même se présente comme un nouveau législateur qui la reconstituera sur ses vraies bases ; le système dont il expose les principes est, d'après lui, le seul conforme à la nature.

Il marque avec force l'antagonisme entre les lois naturelles et les lois artificielles qui régissent la société de son temps. Pour nous montrer l'état de nature, il nous mène parmi les peuples d'Amérique : là « on trouvera les familles de cette petite société unanimement occupées à pourvoir à leurs besoins communs par la chasse et la pêche » sans connaître la propriété. C'est que, d'après les lois naturelles, « le monde est une table suffisamment garnie pour tous les convives, dont les mets appartiennent tantôt à tous parce que tous ont faim, tantôt à quelques-uns seulement parce que les autres sont rassasiés ; aussi personne n'en est absolument le maître, ni n'a droit de prétendre l'être ». Dans cet état de nature se trouve la solution du problème que Morelly avait posé dès le début et dont voici les termes : « Trouver une situation dans laquelle il soit presque impossible que l'homme soit dépravé ou méchant. » En effet, dans cette société naturelle, il n'y a plus de vices : « cet amour-propre par exemple, dont vous faites une hydre à cent têtes, dit-il aux moralistes, n'est, dans l'ordre de la nature, qu'un désir constant de conserver son être par des moyens faciles et innocents ; mais, dès que vos institutions ont eu environné ces moyens d'une multitude de difficultés presque insurmontables et même de périls effrayants, était-il étonnant de voir un paisible penchant devenir furieux ? » Et ailleurs : « Le seul vice que je connaisse dans l'univers est l'avarice ; tous les autres, quelques noms qu'on leur donne, ne sont que des tons, des degrés de celui-ci. Analysez la vanité, la fatuité, l'ambition, etc., tout cela se résout en ce subtil et pernicieux élément, le désir d'avoir. Or, cette peste universelle, l'intérêt particulier, aurait-elle pu prendre où elle n'eût jamais trouvé non seulement d'aliment, mais le moindre ferment dangereux ? Je crois qu'on ne contestera pas l'évidence de cette proposition, que là où il n'existerait aucune propriété, il ne peut exister aucune de ses pernicieuses conséquences. »

C'est justement l'absence de la propriété qui aurait permis de réaliser, dans l'état de nature, le prétendu âge d'or auquel Morelly veut que la société retourne. Mais cet âge d'or, préconisé aussi par Mably, avait pris fin par la paresse, et la principale objection qu'on pourrait faire à la reconstitution de la société sur les bases primitives, c'est que la paresse les ruinerait bientôt. Morelly, d'ailleurs le voit fort bien : « Nos lois seraient telles, dit-il, qu'elles n'auraient qu'un seul vice à réprimer, l'oisiveté. » Mais, d'après lui, les dispositions de ces lois, prévenant tout autre mal, auraient encore la vertu d'ôter au citoyen tout prétexte pour se dispenser de travailler au bien commun de la société. D'ailleurs, l'inclination de l'homme pour le repos, essaie-t-il de prouver, est le principe de son activité. Enfin, la paresse elle-même est un vice produit artificiellement par une société artificielle : l'homme est une créature faite pour agir. — Il est inutile d'insister sur la faiblesse de cette argumentation qui deviendra plus tard le fond des systèmes socialistes, et en particulier du fouriérisme.

Morelly termine son ouvrage en proposant un système de législation conforme, d'après lui, aux intentions de la nature. Il y aurait douze catégories de lois : 1° Les lois fondamentales et sacrées qui couperaient racine aux vices et à tous les maux de la société. Elles sont au nombre de trois : la propriété individuelle sera détruite; tout citoyen sera homme public, sustenté, entretenu et occupé aux dépens du public ; tout citoyen contribuera à l'utilité publique selon ses forces, son talent et son âge. 2° Les lois distributives et économiques : la nation sera démembrée et divisée par familles, cités, tribus, provinces ; la base de toute distribution sera le nombre dix avec ses multiples. Les provisions *durables* seront amassées dans des magasins publics, pour être distribuées à tous les citoyens ; les productions *passagères* seront distribuées dans les places publiques par ceux qu'on préposera à leur culture, etc. Rien, selon les lois *sacrées*, ne se vendra ni ne s'échangera ; de sorte, par exemple, que celui qui aura besoin de quelques herbes, légumes, etc., ira en prendre ce qu'il lui faut pour un jour seulement à la place publique où ces choses seront apportées par ceux qui les cultivent. 3° Lois agraires : chaque cité aura son territoire ; tout citoyen de 20 à 27 ans sera obligé d'exercer l'agriculture. 4° Lois édiles : l'étendue de chaque cité sera à peu près égale ;

autour d'une grande place de figure régulière seront érigés, d'une structure uniforme et agréable, les magasins publics ; à l'extérieur de cette enceinte seront également rangés les quartiers de la cité, égaux, de même figure, etc. Chaque tribu occupera un quartier, etc. 5° Lois de police : chaque profession aura ses chefs, les plus âgés et expérimentés, qui dirigeront tour à tour, etc. Les infirmes, les vieillards, seront logés, nourris, entretenus aux frais de l'État ; tout citoyen malade sera soigné de même, etc. 6° Lois somptuaires : Morelly permet au citoyen de se vêtir selon son goût à partir de 30 ans, mais sans luxe ; il y aura des magistrats pour réprimer tout excès relatif à la toilette, à la nourriture, etc.

Il est inutile de poursuivre dans le détail les autres catégories de lois : celles du gouvernement sont destinées à prévenir toute domination tyrannique par une sorte de hiérarchie fondée sur la famille, la tribu, la cité, la province, etc. ; — les lois conjugales doivent prévenir toute débauche en imposant le mariage à chaque citoyen nubile : « au commencement de l'année sera publiquement célébrée la réjouissance du mariage ; les jeunes gens de l'un et de l'autre sexe seront assemblés, et en présence du sénat de la cité chaque garçon choisira la fille qui lui plaira, et, ayant obtenu son assentiment, la prendra pour femme ; » après dix ans, le divorce sera permis : il suffira du consentement d'une partie ; — les lois d'éducation sont faites pour prévenir les suites de l'aveuglement et de l'indulgence des pères ; elles enlèvent, dès cinq ans, les enfants aux familles afin de les faire élever au nom de l'État par un certain nombre de pères et de mères qui en prendront soin pendant cinq jours et seront successivement relevés par un pareil nombre ; — les lois des études, qui ont en vue de prévenir les égarements de l'esprit, fixent par chaque cité et pour chaque genre d'étude le nombre de personnes qui s'appliqueront aux sciences et aux arts ; la métaphysique et la morale auront des limites prescrites par les règlements etc. ; — les lois pénales enfin seront aussi peu nombreuses que les prévarications : elles auront autant de douceur que d'efficacité.

On le voit, le communisme, qui, chez Mably, n'avait jamais été qu'un idéal irréalisable, devient avec Morelly un système pratique et coordonné en lois que l'auteur déclare parfaitement applicable. Nous n'avons point à discuter un à un les articles de ce Code : nous devons seulement faire ressortir les principes généraux qui ont présidé à son élaboration.

Morelly et Mably absorbent la liberté individuelle dans le despotisme de l'État. L'État ou le législateur règlemente la société à son gré. Les citoyens de la république socialiste ne pourront ni se marier quand ils voudront, ni rester célibataires, ni se nourrir à leur guise, ni se vêtir à leur gré, ni élever leurs enfants eux-mêmes, ni construire leur maison suivant leur fantaisie. Un vaste système de réglementation minutieuse asservit tous les individus à la communauté, sous prétexte de ramener le corps social aux lois de la nature. Le socialisme part de ce point de vue que l'état social idéal, c'est l'état naturel, et il ne voit pas que l'état naturel, c'est la société telle qu'elle fonctionne librement. Le socialisme veut enfin baser la société sur la fraternité commune et non sur l'intérêt personnel. Il fait du dévouement, et de l'abnégation le fond même de l'ordre social ;

on trouve déjà dans Morelly, presque en propres termes, l'axiome célèbre : chacun selon ses forces, à chacun selon ses besoins. Or, c'est méconnaître les conditions de la vie sociale que substituer la fraternité à la justice comme règle obligatoire des rapports humains.

Près d'un siècle avant Morelly, s'était formée une école directement opposée à celle des socialistes, dont Fénelon pouvait alors passer pour le représentant. Le père de cette école, appelée à un si grand rôle, c'est Bois-Guillebert. Bois-Guillebert établit le premier les principes capitaux de l'économie politique : que, dans la société actuelle, les intérêts ne sont pas antagonistes, mais que le bien de l'un est le bien de l'autre ; qu'il faut laisser libre la production et n'apporter aucun obstacle à la concurrence ; que le législateur ne doit pas violenter les lois naturelles sous le prétexte de les mieux appliquer. Les idées de Bois-Guillebert passèrent en Angleterre où Hume et Tucker en sont d'abord les principaux organes. Elles furent reprises en France avec éclat vers le milieu du XVIIIe siècle. On rapporte que, dès le règne de Louis XIV, le négociant Legendre, à qui Colbert demandait quel était le meilleur moyen de favoriser les commerçants et les industriels, répondit au grand ministre : « Les laisser faire. » Laisser faire, laisser passer, telle fut la devise de la nouvelle école.

« Vers 1750, dit Voltaire, la nation, rassasiée de vers, de tragédies, de comédies, de romans et d'opéras, se mit à raisonner sur les blés. » Nous laisserons ici de côté la question des blés, et, en général, tout ce qui relève purement de l'économisme pour insister au contraire sur ce qui se rattache à la science générale de la politique.

Les trois hommes qui, après Bois-Guillebert, fondèrent la nouvelle école, sont Gournay, Quesnay et Mercier de la Rivière.

L'intendant du commerce Vincent de Gournay, ne publia aucun ouvrage original, mais il n'en fut pas moins un des plus actifs propagateurs de l'économie politique. Il avait été pendant longtemps négociant, et ses observations particulières l'avaient amené à reconnaître « des lois uniques et primitives, fondées sur la nature » par lesquelles les relations sociales se réglaient elles-mêmes le mieux possible, de façon que toute intervention humaine faussait les rouages de la machine.

Le médecin François Quesnay représenta les intérêts agricoles, comme Gournay ceux du commerce. Il fut le fondateur de la physiocratie. Mais Quesnay ne se contenta pas d'étudier la science économique proprement dite : il fonda sur les lois de cette science toute une philosophie sociale et politique. Nous laisserons de côté la physiocratie et ses doctrines pour nous attacher aux traits les plus généraux de cette philosophie.

Il y a des lois naturelles ou providentielles qui président au mécanisme de la société, et notre devoir, comme notre intérêt, c'est de les suivre. L'intérêt et le devoir se confondent en effet, et le juste est toujours en harmonie avec l'utile. Le droit de propriété est le fondement même de l'ordre social. La propriété n'est pas créée par la loi, mais elle est antérieure à toute loi. Les facultés ne sont que le prolongement de la personne, et la propriété est le prolongement des facultés. Nos lois positives n'ont ou ne doivent avoir d'autre objet que la traduction des lois providentielles et leur maintien. Tels sont les principes fondamentaux.

C'est ici que Quesnay passe au domaine de la politique. D'après lui, l'autorité souveraine est nécessairement unique et réunit les deux pouvoirs, législatif et exécutif. Le roi doit être investi d'une autorité despotique : cette autorité ne sera point à craindre, car, les lois naturelles étant évidentes, le souverain ne pourrait les violer sans se détruire lui-même. Au reste, s'il le faisait, le peuple aurait le droit de lui désobéir. Le despotisme attribué au monarque par Quesnay et par son disciple Mercier n'éveille pour eux aucune des idées dont le mot est ordinairement escorté : en effet, cette puissance despotique sera celle des lois naturelles elles-mêmes, puisque le pouvoir du roi se bornera à les faire respecter. Les lois naturelles sont despotiques à la façon de l'évidence même : rien d'inflexible comme une démonstration géométrique. Le souverain sera un despote de la même manière qu'Euclide : il appliquera l'évidence.

C'est pourtant dans cette théorie du despotisme légal qu'est le point faible de la doctrine. Sans doute Quesnay et Mercier ont raison de fonder les libertés naturelles avant la liberté politique, car la liberté politique ne doit être au fond que la garantie des libertés naturelles ; mais ils ne voient pas que la liberté politique est nécessaire pour garantir les autres, et ils ont le tort de la supprimer. Plus audacieux que Rousseau lui-même, ils prétendent appliquer l'évidence au gouvernement, et affirment que les lois naturelles déterminent la forme politique propre à tous les climats et à tous les peuples, c'est-à-dire le despotisme de l'évidence représenté par un roi absolu et héréditaire. Il serait sans doute complètement faux de donner les économistes comme les partisans du despotisme, car il n'est rien de commun que le nom entre les despotisme légal et l'arbitraire du despotisme proprement dit ; mais enfin, il y a quelque naïveté à mettre le pouvoir absolu entre les mains d'un seul, en espérant que ce pouvoir sera toujours exercé conformément aux lois naturelles. Les vieilles traditions monarchiques, ou bien encore le désir de ne pas offenser la royauté établie, avaient égaré Quesnay et Mercier. La vraie politique de la science économique devait être au contraire fondée sur la liberté politique illimitée et l'absence aussi complète que possible de gouvernement. Turgot, un des plus illustres disciples de Quesnay, et qui était si passionné pour la liberté, partage encore certaines illusions de son maître, et veut l'unité du pouvoir qu'il confond avec l'unité de la souveraineté. Mais l'économisme ne manquera pas d'aboutir bientôt à ses conclusions logiques : nous les trouvons formulées dans nos publicistes modernes, à quelque secte particulière qu'ils appartiennent. Dès lors, l'école économique est opposée sur toute la ligne au socialisme.

D'après les socialistes, la société actuelle est une œuvre d'art, et une œuvre mal faite. « L'ordre social, dit Rousseau au début de son *Contrat*, ne vient pas de la nature, il est donc fondé sur des conventions. » L'économisme croit au contraire que la société, se développant en toute liberté, sera justement l'expression même des lois naturelles, et il le prouve par la simple observation des phénomènes sociaux au milieu desquels nous vivons. « Il est impossible de ne pas être frappé de la disproportion véritablement incommensurable qui existe entre les satisfactions que l'homme puise dans la société actuelle et celles qu'il pourrait se donner s'il était réduit à ses propres forces... Il faut donc que le mécanisme social soit bien ingénieux, bien puissant, puisqu'il conduit à ce singulier résultat, que chaque homme, même celui que le sort a placé dans la condition la plus humble, a plus de satisfactions en un jour qu'il n'en pourrait produire en plusieurs siècles..... Il y a dans la société une naturelle et savante organisation qui agit pour ainsi dire à notre insu : aucun penseur, quelque génie qu'on lui suppose, quelque autorité qu'on lui donne, ne pourrait imaginer et faire prévaloir une organisation supérieure [1]. »

Le socialisme sacrifie la liberté individuelle à l'autorité de l'État. L'économisme, au contraire, tend à réduire de plus en plus le rôle de l'État. L'État ne doit être autre chose que la force commune instituée pour garantir à chacun le sien, et pour faire régner la justice et la sécurité. « Quand on est bien convaincu que chacune des molécules qui composent un liquide porte en elle-même la force d'où résulte le niveau général, on en conclut qu'il n'y a pas de moyen plus simple et plus sûr pour obtenir ce niveau que de ne pas s'en mêler. » « Entre individus, l'intervention de la force n'est autorisée que dans le cas de légitime défense. La collectivité ne saurait recourir légalement à la force que dans la même limite. Or, il est dans l'essence même du gouvernement d'agir sur les citoyens par voie de contrainte. Donc il ne peut avoir d'autres attributions rationnelles que

1. Bastiat.

la légitime défense de tous les droits individuels, il ne peut être délégué que pour faire respecter les libertés et les propriétés de tous [1]. » « L'État est comme une compagnie d'assurances mutuelles, une société semblable aux autres, bornée par son objet, restreinte dans son office, limitée dans ses pouvoirs, et par laquelle les individus, conservant pour eux-mêmes la meilleure partie de leurs biens et de leurs personnes, se cotisent afin d'entretenir une armée, une maréchaussée, des tribunaux, mais réservent le demeurant des services à l'initiative privée et aux associations spontanées qui se forment au fur et à mesure des occasions et des besoins. » « Toute action gouvernementale en dehors de la limite posée plus haut est une usurpation de la conscience, de l'intelligence, du travail, en un mot de la liberté humaine [2]. »

Partant de ce point de vue que la société est l'œuvre de l'homme, le socialisme lui demande la réalisation de tout bien par la fraternité. Il repousse l'individualisme et veut abolir l'intérêt personnel. Mais qu'arrivera-t-il chez un peuple où la fraternité sera inscrite dans la loi ? « D'abord, une incertitude effroyable, une insécurité mortelle planera sur tout le domaine de l'activité privée ; car la fraternité peut revêtir des milliards de formes inconnues,et, par conséquent, des milliards de décrets imprévus ; dans cette voie, la source des utopies est inépuisable. Sous un tel régime, les capitaux ne pourront se former ; les salaires baisseront, et l'inégalité creusera, entre les classes, un abime de plus en plus profond. Les finances publiques ne tarderont pas à

1. Bastiat.
2. Ibid.

arriver dans un complet désarroi. Comment en pourrait-il être autrement, quand l'État est chargé de fournir tout à tous ? Le peuple sera écrasé d'impôts. Enfin l'effort de tous tendra à arracher à la législature un lambeau de privilège *fraternel ;* les classes souffrantes, quoique ayant le plus de titres, n'auront pas toujours le plus de succès ; or, leur multitude s'accroîtra sans cesse, d'où il suit qu'on ne pourra marcher que de révolution en révolution. »

« A l'aspect des maux qui accablent un grand nombre de nos frères, les socialistes ont conclu que le temps était venu de faire faire à la législation un pas de plus en l'imprégnant du principe de la fraternité. Dans leur idée, l'État serait chargé de distribuer le bonheur à chacun des individus qui le composent. Mais, dans cette perpétuelle personnification de l'État, il y a la plus étrange des mystifications. Qu'est-ce donc que cet État qui prend à sa charge toutes les vertus, tous les devoirs, toutes les libéralités? D'où tire-t-il ces ressources qu'on le provoque à épancher en bienfaits sur les individus? N'est-ce pas des individus eux-mêmes? Comment donc ces ressources peuvent-elles s'accroître en passant par les mains d'un intermédiaire parasite et dévorant? A quelque point de vue que l'on considère la loi humaine, on ne peut raisonnablement lui demander autre chose que la justice [1]. » D'ailleurs, la fraternité ne se décrète pas plus que l'intérêt personnel ne se supprime. « Il y a trois régions pour l'humanité : une inférieure, celle de la spoliation ; une supérieure, celle de la charité ; une intermédiaire, celle de la justice : le propre domaine

1. Bastiat.

de la Loi et des Gouvernements, c'est la justice [1] ». Au reste, l'économisme ne veut pas détruire la fraternité : il ne la croit pas exigible en vertu de la loi, mais il est le premier à la recommander comme volontaire. « Les deux morales qui sont en présence, la morale religieuse ou humanitaire, et la morale économique ne se contrarient point, mais concourent au même but. La morale religieuse, pour arriver à la suppression de l'acte malfaisant, s'adresse à son auteur, à l'homme, en tant qu'agent. Elle lui dit d'être juste d'abord et charitable ensuite. La morale économique s'adresse surtout à l'homme en tant que patient : elle s'efforce de répandre assez de bon sens, de lumière et de juste défiance dans la masse opprimée pour rendre de plus en plus l'oppression difficile et dangereuse. Cette morale a été accusée de sécheresse et de prosaïsme : elle mériterait ce reproche, si elle prétendait détruire l'autre ; mais au contraire, elle veut l'aider : toutes deux doivent travailler de concert en attaquant le vice par les deux pôles [2]. »

Si, parvenus au terme de notre étude, nous jetons un regard sur le développement historique de la science sociale, nous verrons que l'économisme concilie dans le gouvernement politique et dans la société tous les principes justes et féconds qui avaient été successivement mis en lumière par les écrivains dont nous avons étudié les œuvres. Lui seul a accordé la liberté avec l'égalité. La liberté ? C'est elle qui est l'âme même de l'économisme : seulement, quelque prix qu'il faille y attacher, elle ne mérite pas son nom, si elle n'est pas la même pour tous. L'égalité ? Non

1. Bastiat.
2. Ibid.

seulement l'économisme se fonde en politique sur la véritable égalité, qui est celle des droits et non celle des biens, mais encore il montre que la société naturelle aboutit par un progrès continu à l'égalisation des biens eux-mêmes ; car *l'utilité* tend à devenir de plus en plus gratuite en sortant progressivement du domaine de l'appropriation individuelle, tandis que la *valeur*, seule appropriable, tend à diminuer de plus en plus. La fraternité ? Certes, l'économisme ne veut pas qu'elle soit exigée par la loi : mais il donne justement le moyen d'en avancer le règne, c'est de faire comprendre aux hommes que tous les intérêts sont solidaires et que le bien particulier est conforme au bien général. D'ailleurs, il ne décrète pas la suppression de la charité ; seulement, il lui laisse son véritable caractère, qui ne saurait être compatible avec aucune obligation.

Les économistes ne croient pas que le mal puisse être aboli et ils n'ont jamais eu, comme les socialistes, la prétention de le supprimer : mais ils montrent que le mal aboutit au bien et le provoque, tandis que le bien ne peut aboutir au mal ; d'où il suit que le bien doit finir par dominer [1]. La perfectibilité indéfinie de l'organisme social se développant librement nous amènera à cette société idéale que les communistes veulent fonder sur la contrainte et que la contrainte serait d'ailleurs impuissante à réaliser, tandis que les économistes la fondent sur la liberté et la montrent se réalisant peu à peu d'elle-même dans l'harmonie de tous les intérêts.

1. Bastiat.

FIN

TABLE DES MATIÈRES

CHATEAUROUX. — TYPOGRAPHIE ET STÉRÉOTYPIE A. MAJESTÉ.

www.ingramcontent.com/pod-product-compliance
Ingram Content Group UK Ltd.
Pitfield, Milton Keynes, MK11 3LW, UK
UKHW020252180726
13839UKWH00001B/297